林亮 ◎ 著

初中诗词教学与学生审美能力的培养

吉林大学出版社

·长春·

图书在版编目（ＣＩＰ）数据

初中诗词教学与学生审美能力的培养 / 林亮著 . --
长春 : 吉林大学出版社 , 2020.4
ISBN 978-7-5692-6293-3

Ⅰ . ①初… Ⅱ . ①林… Ⅲ . ①古典诗歌 – 中国 – 教学
研究 – 初中 Ⅳ . ① G633.302

中国版本图书馆 CIP 数据核字 (2020) 第 061034 号

书　　名	初中诗词教学与学生审美能力的培养
	CHUZHONG SHICI JIAOXUE YU XUESHENG SHENMEI NENGLI DE PEIYANG
作　　者	林亮　著
策划编辑	米路晗
责任编辑	周　婷
责任校对	赵　莹
装帧设计	汇文书联
出版发行	吉林大学出版社
社　　址	长春市人民大街 4059 号
邮政编码	130021
发行电话	0431-89580028/29/21
网　　址	http://www.jlup.com.cn
电子邮箱	jdcbs@jlu.edu.cn
印　　刷	长春市华远印务有限公司
开　　本	787mm×1092mm　1/16
印　　张	9.5
字　　数	170 千字
版　　次	2020 年 4 月　第 1 版
印　　次	2020 年 4 月　第 1 次
书　　号	ISBN 978-7-5692-6293-3
定　　价	48.00 元

前　言

诗词是我国的经典文学样式，诗词之多如碧空星斗，诗词之美如朝阳明月。千百年来，古典诗词以其别具一格的魅力在世界文明中广为流传，经久不衰。古诗词中细腻的柔情、豪迈的激情、精准的表达、工整的对仗、错落有致的节奏，以及只可意会不可言传的韵味使古诗词成了初中教学的重要内容。初中学生学习、欣赏古诗词，有助于他们形成良好的谈吐，增强个人魅力。在丰富人文知识的学习过程中学生陶冶性情、提升自我，不断理解蕴含深刻内涵的情感内容，在艺术表达中获得愉悦与享受。初中生处在心理、智力高速发展的重要时期，学习和鉴赏古诗词有三方面原因。其一，是可以使学生获得审美体验；其二，是课标要求；其三，也是学生陶冶情操、获得审美享受的必要课程内容。

本书首先介绍了初中语文古诗词教学的相关知识。包括古诗词的概念界定，初中古诗词教学的目标及古诗词教学的重要性。其次对初中古诗词教学状况进行了分析，提出了初中古诗词教学的有效策略，并对初中语文古诗词教学中学生审美能力的培养进行了系统阐述。最后，对初中语文诗词鉴赏能力的培养及初中古诗词教学对学生审美趣味的培养两方面进行了研究，也是本书重点研究的内容。在审美的学习氛围中，学生拥有了一定的审美意识和审美情趣，愿意主动发现美、探索美，不断提升自己的审美能力，陶冶情操，获得身心的全面发展。

本书在编写的过程中，得到了出版社的领导和编辑的大力支持，还有许多同事为本书的编写提供了大量的资料，在此一并表示衷心的感谢。由于时间紧，工作量大，难免会出现不足之处，恳请大家批评、指正。

目　录

第一章　初中语文古诗词教学概述

第一节　古诗词教学相关概念界定

一、古诗

从"诗歌"的起源来说，"诗"在我国文学发展史上被普遍认为是起源最早也是历史最久的文学样式。"诗歌"的历史最早可以追溯到《诗经》。《诗经》收录了诗歌305首，被认为是我国诗歌发展的源头。在中国古代，诗歌是没有连在一起的，它们是两个不同的概念，诗是用来朗诵的，歌是用来歌唱的，如今我们把它们统称为"诗歌"。《辞海》对于"古典诗歌"的定义：古典是经过人类历史的发展，从古代流传下来的具有代表性意义的，可以被人效仿的一类，可以代表同类事物的相关特征；"诗歌"是中国最早产生的一种文学体裁，不管是韵律还是音节等方面都有特殊的要求，也正因为这种特殊性，它才奠定了在文学史上的重要地位。"诗歌"想象奇特，语言凝练，情感丰富，高度集中地展现每个时代的生活面貌、各个地方的风土人情和人们的精神世界。

诗有不同的划分标准，按照这些标准又被分为不同的种类，如果从音律角度来划分，一类是古体诗，另一类是近体诗，这是唐代形成的两个不同概念，以唐代为界，唐代之前的称为古词体，唐代及之后的则称为近体诗；如果按诗的内容划分，诗又可以分为叙事诗、山水田园诗、边塞诗、抒情诗等。

古体诗，又称之为古风，写作形式比较自由散漫，一首诗要写几句、每句要有多少字都没有什么要求，也没有格律限制，如《诗经》《楚辞》，字数都不相同。从字数划分，古体诗又被分为"四言诗、五言诗、七言诗"，唐代及唐代以后，一般只有五言和七言，教材中的唐诗基本上都是五言和七言。近体诗相比古体诗来说，对格律有一定的要求和分类，有绝句、律诗、排律（长律）。绝句是四句，第一句、第二句和第四句末尾一个字押韵，绝句按字数多少分为两类，五字为"五绝"，七字为"七绝"；律诗有八句，也就是四联，同样按字数分为"五律"和"七律"；而八句以上的则称为排律或长律。

二、词

"词"，又称"乐府、曲子词、长短句"，是隋唐时期兴起的一种新的文学体裁，萌芽于南梁代，宋代是词发展的鼎盛时期，因此后人通常称之为宋词。词最初的特点是用文字配上曲调，是可以演唱的，经过发展，基本成为一种文学形式。"调有定格，句有阕"是词形式的特点，即词都有固定的词牌，又因为不同的节拍和曲调，词又分为"令、引、近、慢"等。词跟诗不同，诗的每句字数都相同，而词的字数是不一样的，长短也就不一样。因此，词也被称为"长短句"。按照词的长度划分，词可分为三种形式："小令（59 字以下）、中调（59 ~ 90 字）和长调（91 字以上）。每一首词都有一个调名，称为词牌，即词的调子，它是用来限定词的音韵和格律的。一首词中，音韵的要求特别严格，平仄都要有所规定。

词一般分为两段，也就是我们所说的上、下阕。有的词只分一段，称之为"单调"，有的词分两段，称之为"双调"，有的则分为三段或四段，称之为"三叠或四叠"。按照风格不同，词分为两派"婉约派"和"豪放派"，婉约派的词温婉缠绵，笔调轻柔，代表人物有李清照、柳永等；豪放派的词雄壮大气，气势恢宏，情感起伏，代表人物有苏轼、辛弃疾等。因为独有的音乐美和复杂多变的韵律，词在文学史上被人们所青睐，人教版初中语文教材就收录了大量的流传千古的词供学生赏析。

三、诗词教学

阅读教学是教师、文本、教材编者、学生之间对话的过程，古诗词因其固有的特征成为阅读教学的重要内容，在古诗词教学过程中，教师要做学生学习的引导者，为完成教学目标，促进学生的发展采用合适的方法和手段，引导学生体会古诗词中蕴含的优秀传统文化，培养学生创新思维，使学生获得审美体验，提高学生的感受力、理解力和鉴赏力。

初中语文教材里的古诗词收录比较广泛，不同风格、不同时期的诗词都囊括其中，大部分都是经典之作，对传播古诗词文化、丰富学生的精神世界、提升学生的文学素养具有重要价值。语文教师应该根据具体的教学内容和学生认识的特点，选择恰当的教学策略，发挥古诗词的教育价值。另外，2017 年全国统一使用教育部编写的语文教材，其中古诗词的篇目大量增加，这意味着古诗词教学将会成为语文教师的重中之重，教师应充分利用教材中古诗词的教育价值，抓住教学重心，从而让学生真正感受到中华文化的博大精深。

四、有效教学

有效教学，就是在符合时代和个体积极价值建构的前提下，其效率在一定时空内不低于平均水准的教学；能够发展学生思维的教学就是有效教学。有研究表明，自主性的学习能够帮助学生发展创新思维，有效教学要求尊重学生，密切地关注学生，使课堂中实施的每一个教学环节都能在学生身上起到关键作用。只有切实做到尊重、关注学生心理，才能使有效的理念在教学过程中得到具体的实施。

有效教学就是教学的效益，也就是指什么样的教学才能对学生发展起到作用。所谓"有效"主要指教师在短时间或长时间的教学后，学生能够有具体的进步或者是发展。判断教学是否有效，并不是指教师教得如何或者教师有没有完成教学目标或教学内容，而是指学生学得如何。如果学生不想学或者学习之后没有任何收获，那么，就算教师做再多的工作，教学也是无效的。同样，如果学生学习之后没有任何收获或发展，也是无效或低效教学。因此，衡量有效教学的唯一标准就是学生是否进步或发展。

目前对于古诗词有效教学并没有相关的概念界定，结合有效教学的概念，古诗词有效教学就是在课程标准的理念下，教师采用切实可行的教学策略，引导学生积极参与，交流互动，能够了解作者深刻的情感，把握作品的思想内涵，使学生在思维、情感方面都获得相应的进步，取得理想的教学效果，提高学生古诗词的鉴赏和审美能力。

第二节　古诗词教学目标

一、义务教育语文课程标准中古诗词教学目标

《义务教育语文课程标准（2011 年版）》总目标中提出，要使学生能够积极思考、独立阅读，能够在学习活动中运用多种阅读方法，同时也要注重基础知识的积累，训练良好的语感，注重个体主观的情感体验，发展学生的感受能力和理解能力。另外，阶段性的培养目标对古诗词更是提出了明确的要求，让学生在诵读古诗词的过程中，注重积累知识，感悟运用，提高自己的审美情趣。与小学不同，初中教师的教学目标着眼点主要是感悟和运用。引导学生进一步"感悟"古诗词则应该是教学过程中最为重要的环节，学生要从中感悟古诗词，即感悟古诗词字里行间的魅力，这种感悟是让学生以主体的身份进入文学作品。运用应该是培养目标中的最高层次，学生把平时的积累和感悟，充实到自己的知识体系中，同时，长期受诗词潜移默化的感染，能整体提升自己的文学鉴赏能力，提高审美情趣，这也是教学的一个重要目标。如果教师本身对语文的审美教育就缺乏正确的认识，那么在古诗词教学中也不会有什么具体可实施的教学方法。另外，中考的压力越来越大，语文教师迫于现实，更加忽略古诗词的审美教育，那么就与最初的教学目标相背，古诗词教学也就没有什么意义可言了。

《义务教育语文课程标准》（2011 年版）7-9 学段目标中指出，学生阅读欣赏文学作品，能有自己的独特体验，并且从作品的深刻内涵中获得对社会对人生的有益启示。

初中语文教材里选录的古诗词都是有代表性的，不同时期、不同情感、不同风格的都在其中，这些古诗词都能反映出作者所处的那个时代，通过学习可以了解某个时代具体的时代特征，特定的历史局面和风土人

情，也可以从诗词中看出时代的发展变迁，历史的发展进程。

　　初中阶段的学生正是对新鲜事物都充满好奇的时候，教师应该充分利用古诗词教学，激发学生的想象力，培养学生的实践能力和创新思维能力，激发创造潜能。古诗词本身也凝聚了诗人、词人的丰富想象，如曹操的《观沧海》，就是一首极具想象力的诗歌，教师在教学中应充分把握古诗词本身的特点，让学生在与文本的对话中，充分发挥自己的创造潜能，用想象力填补文本的空白。

二、初中语文教材中古诗词的特点

（一）文质兼美的典范性

　　语文教材中的选文具有明确的要求，选文要具有典范性、代表性，而且要文质兼美，富有文化内涵的同时也要有时代性，能够反映时代特征，而且要选择丰富的题材和风格文章，不宜太难或太易，要适合学生学习。著名教育家叶圣陶先生最早提出，语文教材的选文要"文质兼美"。

　　所谓"文质兼美"，指"文"与"质"都要美，"文"是指文章的形式，指文章遣词造句的艺术，韵律的和谐；"质"则是指文章的主题，思想情感等内容。人教版初中语文教材中的选文都是名作，而且都是典型朝代的一些名家的典范作品，文质兼美。例如，我们经常说"唐诗宋词"，唐代是诗歌的鼎盛时期，教材中所选的古诗词中，大部分是唐诗，而且李白和杜甫的诗篇最多；宋词也选了具有代表性的派别的词，还有陶渊明、曹操的经典之作也都收录其中，对学生文学素养的提升有重要的参考价值。

1.文美

　　古诗词本身具有审美性，大部分的古诗词都十分注重意境，意境属于中国古典美学的范畴，是古典诗歌最重要的审美特征之一。古诗词中有着现代人给不了的情怀，可以陶冶性情，也可以滋养心灵，"言有尽而意无穷"用来形容古诗词的意境再贴切不过。最早使用"意境"一词并且进行详细论述的是唐代诗人王昌龄，作诗要"神之于心，处身于境，视境于心"。古诗词的魅力就在于通过作品中的意象来塑造意境，根据作者描绘的意象，深入体会，感受意境。古诗词浓厚的意境美，在语文教材的选文中也得到了充分的体现。

例如，《天净沙·秋思》，这首词很短，但是却通过"枯藤、老树、昏鸦、流水"等意象，描绘了一幅凄凉孤寂的秋景图，"枯、老、昏、瘦"这几个词语营造了一种凄凉、衰落、孤寂的氛围。前四句写的所有景物都是断肠人情感的载体，通过这些景物烘托出作者此时的孤寂，最后一句"断肠人在天涯"更是将凄凉之情抒发得淋漓尽致，一个"断肠人"写出了作者此时孤独、寂寞的心境。又如，陶渊明的"采菊东篱下，悠然见南山"，"悠然"二字写出了作者淡泊宁静，闲适自在的心境；他的另一首诗《归园田居》中，也有大量描写田园风光景物和人们悠然自得的生活状态的诗句，景物描写中又包含着作者的情感，"方宅""草屋""榆柳""炊烟""狗吠"中寄予了自己对田园生活的向往与追求，表达了作者对官场生活的厌倦以及对自然风光的喜爱之情，情景交融，为读者勾勒出优美的意境。

古诗词除了注重意境，还有不可忽视的一个方面：音乐。古诗词之所以能与其他文学体裁有很大的不同，最重要的一个标志就是它的音乐美。古诗词的音乐美主要表现在它鲜明的节奏和韵律上，节奏是指音的高低、长短、快慢等有规律的变化，而节奏对音乐的重要性也不言而喻，没有节奏便不成乐。节奏对诗的重要性就像呼吸对人的重要性一样，没有呼吸，人就无法生活，没有了节奏，诗也就不能成为诗了。

古诗词语言的节奏感主要是由音节和音节的不同组合形成的，诗词中的音节并不是独立存在的，一般是两个音节组成一组，如此便产生了鲜明的节奏。

为什么说"熟读三百首唐诗，不会作诗也能吟"呢？其中的原因就是古诗词具有韵律性，韵是诗词格律的基本要素之一。从我国最早出现的诗歌文集——《诗经》到后来出现的唐诗宋词，基本上都是押韵的。例如，杜甫的"八月秋高风怒号，卷我屋上三重茅……下者飘转沈塘坳"每一句句尾押韵；又如，范仲淹《渔家傲》这首诗每句的最后一个字"异、意、起、里、闭"押的都是"i"音。通过朗读，我们就能感觉到诗的最后一个音十分相似，这就是诗文的押韵。在初中教材里的其他选文，这种押韵现象也普遍存在，诗词的韵律美不仅使之朗读起来比较顺口，也能帮助学生学习作者的遣词造句。因此，教师引导学生掌握古典诗词文本语言的节奏和韵律等方面的特点，对提高学生的朗读技巧具有十分重要的作用。

2.质美

我们学习古诗词的意象、意境、语言，最终都会归为重要的一点——作者的情感，就是所谓的"以诗言志"。此中的"志"一般指意志或志向，有时也指思想感情，《尚书·尧典》中最早提到"诗言志"，刘勰也说："夫缀文者情动而辞发，观文者披文以入情。"[①]也就是说，作者由于某些客观事物或客观世界产生内心的真实情感，然后再通过文字表达出自己的感情，读者在阅读中分析文字，解读作者的思想感情。每一首古诗词都是诗人、词人情感的凝聚，"情真、意真"才能打动读者，流传千古。

古诗词的本质就在于抒情，学习一首古诗词，分析作者的思想感情，我们都会回到作者所处的时代，联系当时的社会背景来分析，这叫"知人论世"。作家们所处的时代不同、时期不同、环境不同、家庭不同，他们的诗词所抒发的感情自然也就不同，如"杜甫和李白"，他们虽然都是生活在唐代，但是一个是晚唐，一个却是盛唐，生活环境使他们成了现实主义和浪漫主义的代表人物，所以杜甫诗蕴含的情感便多了一些"国破山河在""吾庐独破受冻死亦足"的忧国忧民，而李白的诗中更多的是"举杯邀明月"的清幽以及"仰天大笑出门去，我辈岂是蓬蒿人"的狂放不羁。

每一首古诗词，都寄予了作者的真情实感，从文字中，我们可以体会他们情感的不同。读曹操的《观沧海》，我们能体会到诗人的雄心壮志和容纳百川的心胸；读马致远的《天净沙·秋思》，我们能感受到他断肠的孤寂；读陶渊明的《归园田居》，我们能感受到诗人对恬淡闲适的田园生活的向往；读李清照的《武陵春》，我们能体会到她的绵绵忧愁。这些优秀的古诗词句，包含了中华民族最珍贵的情感，经过岁月的沉淀，越发光彩夺目，代代相传，激励着每一个中华儿女。

（二）语言风格的多样性

文学的艺术性体现在它的语言，而古诗词要比其他文学样式更注重

---

① 吴未意.从《文心雕龙·知音》谈刘勰的文学批评观[J].宜春学院学报,2011,33(03):143-144.

语言美。初中语文教材里收录的古诗词选文都是一些经典之作，其中不乏千古流传的名句，并且这些选文风格多样，从题材上来说，既有山水田园诗，也有边塞诗、送别诗等；从语言上来说，既有豪放派"会挽雕弓如满月，西北望，射天狼"（苏轼《江城子·密州出猎》）的万丈豪气，也有婉约派"物是人非事事休，欲语泪先流"（李清照《武陵春·春晚》）的绵绵清愁。这些诗词语言风格各不相同，豪放派的诗词都是雄浑壮丽，有气吞山河之势，而婉约派诗词都是委婉缠绵，浪漫主义语言热情夸张，而现实主义语言则沉郁顿挫，这种不同是由作者的生活经历和所处的时代环境造就的。

初中语文教材中选文的语言风格有以下几类：第一类，语言平淡质朴，没有华丽的修饰，如陶渊明的山水田园诗大都是在朴素的语言中传达出作者内心的恬静闲适，读起来觉得宁静而自然。第二类，语言温婉细腻，以李清照为代表的婉约派，文字细腻，感情真挚自然。第三类，语言雄浑壮丽，如王昌龄、岑参的边塞诗。第四类，豪迈奔放，如李白的诗歌。第五类，悲愤沉郁，如杜甫的诗歌大都是沉郁的，以及陈子昂面对苍茫大地吟出壮志难酬的悲愤。

此外，还有洒脱旷达、华丽夸张等古诗词语言风格，学习这些不同风格的诗词，既能让学生了解到语言文字的美感，也能体会古诗词的博大精深。

语言的多样性同时也表现为语言具有多样性的美，包括凝练美、音乐美等。如王维的《竹里馆》"独坐幽篁里，弹琴复长啸。深林人不知，明月来相照"代表了"语言精练"四个字，反复咀嚼，我们就能够体会幽静竹林的极美画面，短短20字，包含了诗人的清幽心境、澄澈心灵，韵味深长。有诗人说过，作诗就像提炼物质一样，为了一个字、一个词，往往要耗费大量的语言矿藏，反复咀嚼，直到提炼出最佳的那个。古诗词中没有一个字是无用的。比如，一提起贾岛，我们都知道他的"推、敲"，这就是古诗词炼字的代表。与其他文体相比，古诗词的语言非常凝练，可以说，古诗词中的每一个字都能起到"以一当十"的作用，用最少的文字来表达最丰富的内容。古诗词的语言除了精练还有含蓄，中国的古诗词与外国诗歌相比，十分含蓄内敛，富于暗示性。钱钟书先生说，中国诗的语言，从来都是说出来的话只影射着说不出来的话，意在阐明古诗词富于暗示性，朱光潜先生也说："诗的特殊功能就是用部分暗示整体，知其一便能知其二，以片段情境唤起整个情境的意象和情趣。"古诗词的语言是一种含蓄内敛、耐人寻味的语言，往往都是言在此而意在彼。如杜甫的《春望》中的颔联就运用了"花"和"鸟"的意象，花、鸟本是让人愉快的景象，但这里却表达了作者的悲伤情感，作者的悲伤不是直接表达出来的，而是通过景象含蓄表达出来的，这就需要读者联系环境背景认真体会。

第三节　初中语文古诗词教学的重要性

一、古诗词在初中语文教学中的地位

（一）新教材对古诗词的重视

在整个初中语文教学体系中，古诗词教学的重要性越发凸显，这一点在 2016 年的老教材以及之后颁布的新教材中对于具体内容的安排上就可以发现，具体通过统计新旧版七到九年级教材中涉及的古诗词总数量，对比分析其中的变化，如表 1-1、表 1-2 所示。

表 1-1　2016 年人教版语文教材 7-9 年级古诗词数量统计

年级	课内古诗词数量	课外古诗词数量	总计
七年级上册	4	10	14
七年级下册	0	10	10
八年级上册	7	10	17
八年级下册	10	10	20
九年级上册	5	10	15
九年级下册	2	10	12
全年级总计	28	60	88

表 1-2　2017 年人教版语文教材 7-9 年级古诗词数量统计

年级	课内古诗词数量	课外古诗词数量	总计
七年级上册	4	8	12
七年级下册	5	8	13
八年级上册	10	8	18
八年级下册	2	8	10
九年级上册	3	8	11
九年级下册	9	8	17
全年级总计	33	48	81

从表中可以看出，整个初中阶段 7-9 年级 2016 年旧版语文教材和

2017年新版语文教材，涉及的古诗词总数分别为28首和33首，新版语文教材对比旧版语文教材多出五首，并作为课堂教学的重点来展开教学和学习。除此以外，新版语文教材对课外古诗词的诵读顺序进行了重新编排，这也是区别于旧版语文教材的创新之处，在旧版语文教材中的最后一章才出现课外古诗词诵读，而且每一册书都会安排10首，全年级要掌握60首，这样一种编排方式对于师生来说古诗词的密度过高，学生掌握起来存在难度，而且非常容易产生疲倦感，不利于教学质量的提高。在新版语文教材中的古诗词安排相对科学合理，期中与期末环节分别编排四首，一册合计八首，全年级要掌握48首。虽然相对比旧版语文教材少了12首，但是，从内容的编排上，将课外古诗词纳入了期末和期中考试范畴，要求学生能够对相关古诗词内容做到能诵、能写和能赏析，可以看出新教材更重视古诗词的教学，进而使教师和学生更加重视这部分内容的教学和学习。

从新教材对古诗词的编排布局中可知，语文教育对古诗词教学的重视越来越明显，通过这种科学合理的编排方式，有助于学生更好地掌握古诗词，其目的就是为了促进学生学到尽可能多的语文知识。不断提升学生对古诗词的理解和欣赏能力，使他们深入地认识古时文人通过这种独特的文学艺术方式来表达自己情感和思想的文学造诣。同时，也能在潜移默化中使初中生对我国优秀的历史文化产生浓厚的兴趣，强化民族自豪感和自信心，加强民族团结，培养高尚的人格品质。

（二）对古诗词的侧重考查

不仅在标准教材上体现古诗词的重要性，而且在考试提纲上也有所体现，为了考查学生掌握和理解古诗词的情况，全国各省市的中考试题都安排有相关古诗词的默写和鉴赏类考题。因此可以说明其在初中阶段语文教学中的重要性。换句话说，古诗词文学诵读和鉴赏能力已经成为中考的硬性规定和要求，这是获得该部分高分的必经之路。由此可见，古诗词教学对于语文教学的重要性。

二、提高学生的审美素养

审美在人生中起到必不可少的作用，越来越多的人把语文教育的重点放在了提升学生的审美素养上。古诗词中蕴含了大量美的事物、美的情感，有感情的诵读古诗词，了解古诗词能够不断的积累古诗词知识，感悟古诗词中蕴含的情感，提高自己的审美能力。

于漪老师说过，"作为教育者，在对青少年进行素质教育的过程中，重要任务之一就是把我们人类历史上创造的无穷的美变成每个学生心灵上的财富，转化为他们自己认识世界的审美素养"。①

当前中学开设的美术、音乐等艺术课程毫无疑问的需要肩负传播美的重任，而语文学科也应该当仁不让，教育者根据学科的特点和学生的身心发展特点，将美的意识耐心传播给学生，在潜移默化中内化为他们自己的审美意识。作为集意境、语言、情感美于一体的古诗词，更是提升学生审美素养的重要平台，人教版初中语文教材中收录的优秀古诗词都蕴含着诗人、词人高尚的道德情操和审美素养，学生在学习的过程中可以得到美的感染，从而提升自己的审美情趣。

审美也是课程标准中明确提出的要求，说明审美在我们的人生中起着重要的作用，美是生命中必不可少的因素，能够满足我们的精神需求，因此对中学生进行审美教育绝不能忽视，这是语文教育工作者的重要工作。

不少人认为，审美情趣应该是从音乐、美术等艺术类学科中提升，其实语文才是提高审美素养的最重要平台。丰富的情感，优美的语言都足以让人陶醉其中。前面提到过古诗词的暗示性，在古诗词的阅读中，可以自由地发挥想象，驰骋在心灵的广阔天空。诗歌本身就具有审美性，它的方方面面都能够满足学生对美的需求，例如，《关雎》中的朦胧纯洁的情感触动着我们；《如梦令》中温婉的李清照为我们描绘了一幅细腻动人的图景，韵味无穷；杜甫的《望岳》为我们呈现了一派气势恢宏的景象，传递给读者积极向上的人生态度。通过古诗词的意象，我们可以领略大自然的风光，但是意象背后所蕴含的感情，却需要我们通过知人论世细细品味，这一品味的过程是学生的审美体验过程，也能提高学生的审美能力。

古诗词因为其独特的艺术魅力，能够让学生在学习的过程中，通过分析意象、感悟意境、品味语言，提高审美情趣，促进学生的全面发展，养成良好的思想品德修养。

---

① 张玉洁，赖学军.论于漪语文课堂教学的韵律美 [J].现代语文（教学研究版），2016（09）：7-9

三、培育学生的诗性智慧

"诗性智慧"最早是由意大利著名历史学家、哲学家维柯在其著作《新科学》中提出的，诗性智慧是处于人类历史前夜的原始野蛮人所特有的一种智力功能。这些原始的野蛮人不像现代人一样，他们"几乎没有什么推理的能力，但是整个人都散发着强壮的力量，充满了生动的想象力"，他们完全凭着生来具有的感官方面的想象力，以惊人的崇高魄力去创造，这种崇高气魄伟大到使那些用想象来创造的本人也感到非常惶惑。他们能够被称为"诗人"是因为他们有想象，能够凭着想象力去创造。"诗人"是什么样的人？"诗人"就是"创造者"。

创造力成为人类社会所必备的重要素质之一，它是可以通过教育来培养的，语文教师的任务就是在语文教学过程中激发学生兴趣，激起他们对知识的渴望，拓展想象空间，培养创造性思维，充分开发学生的创造潜能。

想象是创造性思维的形式，创造是其结果，创造性很大程度上就是要敢于想象，甚至是可以进行积极的幻想。在古诗词教学中培养学生的创造性思维就是让学生学会观察，丰富学生的表象储备，拓展想象的空间，在想象中创造。无论是哪一种文学的创作，都离不开作者的想象，尤其是具有悠久历史的古诗词，它的创作更是与丰富的想象活动密切相关。初中阶段本就是一个想象力丰富的时期，学生没有思维定式，所以这一时期激发他们的想象力尤其重要，古诗词教学便承担着这样一项艰巨的任务。

"情感性、音乐性、想象性"是诗歌的三个本体特征，古诗词的创作离不开想象。我们通常说：古诗词的背后反映的是诗人、词人所处的时代，反映的是他们的生活。但是，就算是文学史上很多的现实主义的作品，它们也不完全是真实场景的描写，更何况本身就以想象丰富为代表的浪漫主义，这些文字很大部分都是靠作者丰富的想象凝聚而成，可以说，没有想象就没有古诗词的创作。我们可以看到教材中收录的优秀选文，没有一篇是照搬现实生活，不经过想象加工的，如《观沧海》的后半部分也是诗人自己的想象写成，诗人的丰富想象通过文字表达出来，学生通过对文字的阅读，开阔自己的思维。古诗词中有大量的意象，学生在阅读古诗词的过程中，脑海中会浮现这些意象，并跟随这些意象进入一定的意境当中，在这一过程中，学生可以充分地自由想象自己所处的环境。例如，在学习《观沧海》时，诗的前几句都是描写的意象，学生在读的时候，会在脑海中勾勒出沧海的这一幅画面，呈现出雄浑壮观的景象。

总之，古诗词与想象有无法割断的联系，通过阅读欣赏古诗词可以激发学生无穷无尽的想象力，拓展想象空间，培育创造性思维。所以我们说，古诗词教学可以培育学生的诗性智慧。

四、培养学生的人文精神

《义务教育语文课程标准》（2011 年版）指出，在语文学习过程中，塑造良好的个性，养成合作的精神，逐步形成积极的人生态度和正确的世界观、价值观。培养学生的人文精神是新课程的基本理念之一，语文课程蕴含了丰富的人文内涵，能够深刻地影响学生的精神世界，古诗词中蕴含的优秀传统文化，具有很高的价值取向。

人文精神是一种普遍的人类自我关怀，表现为对生命价值的追求，对自我的关切，追求人的全面发展一种理想的人格。初中语文教材中收录的古诗词都是经过历史的打磨，沉淀下来的伟大作品，蕴含了我们中华民族的优秀传统文化以及值得传承的古人的精神，让学生在学习中，积淀丰厚的人文底蕴。

古诗词能够熏陶和感染我们的思想情感。例如，学习劝勉诗，能够让学生懂得珍惜短暂的时间，发愤图强；学习爱国诗，大义凛然的民族气节让我们敬佩，更值得我们学习；学习李白的豪情壮志能够激发自己努力实现理想的斗志。当杜甫身居草堂时，喊出的悲愤壮语，让学生感叹他的心怀天下人；山水田园诗则让身处嘈杂环境的学生们沉浸在宁静的自然情调中。古诗词蕴含很高的人文教育的价值，学习这些优秀的古诗词，不仅能够让学生了解中华民族的悠久历史，感受中华文化的博大精深，也能提高学生的民族自信心和民族自豪感，认识到我们中华民族的子孙勤劳勇敢、精忠报国的爱国主义精神，使学生树立远大的理想，构建自我的高尚人格。古诗词中反映出来的人生理想，激励着学生不断进步，超越自我，实现自己的理想抱负。它也能使人相信，人应该掌握自己的命运。有了理想和信念，即使身处困境，也要对生活充满希望。

第二章　初中语文古诗词教学现状分析

第一节　初中古诗词教学状况

在古诗词教学中，教师起着至关重要的作用。教师是学生在学习古诗词过程中的向导，是学生连接美好诗词画意的纽带，是为学生指明方向的灯塔，是引导学生感受和理解诗人真挚情感的引路人。但是，教师在古诗词的教学过程中，也存在一些问题。

一、古诗词教学现状

（一）教师在课内、外古诗词诵读教学方面存在不合理性

课内、外古诗词教学共同构成初中语文教材古诗词教学内容，在这两部分古诗词诵读方面，教师偏重于课内古诗词诵读，对于课外部分并不是特别关注。教师在某些时候能够花费整整一节课来讲授课内古诗词相关内容。而对于课外古诗词的教学只是简单的阐述诗意，一般一节课能够完成两首课外古诗词的讲授。而对于学生来讲，缺乏对课外古诗词的赏析，很明显就是教材资源的浪费。事实上语文教材的课外古诗词诵读部分，在内容也比较丰富，如表达异乡人思念家乡之苦的《夜上受降城闻笛》，这是唐代诗人李益的名著，诗句工整，富有丰富的想象力，同时也表达了作者浓厚的思乡之情。此诗虽然编排在课外诵读部分，但是，如果教师能够加以详细传授和解析，势必会在很大程度上提高学生的古诗词鉴赏能力。

（二）在整个课堂教学中还是以传统的课堂形式为主

很多教师教授古诗词时，还是采取过去的老方法，通常是将古诗词中的句子进行逐一讲解，一层一层地深入，导致古诗词的整体意境未能完整的体现出来，使得整个教学方式枯燥无味，学生对诗词的理解也是断断续续的印象，完全感受不到诗词中的美丽意境，从而产生理解上的混淆或产

生错误理解。再就是，教师与学生缺乏沟通和交流，很少一起合作来探讨古诗词中的内涵。久而久之，学生的兴趣会消失殆尽，对古诗词的学习出现抵制、讨厌和畏惧等情绪，另外，学生并没有真正理解古诗词的含意，在背诵和默写环节会感到吃力，这对于古诗词的学习十分不利。

二、学生学习古诗词的现状

（一）对古诗词的兴趣不足

总体来讲，学生在古诗词记忆方面表现出较高的热情，普遍对诵读古诗词感兴趣。学生在古诗词应用方面也表现出积极状态。他们对古诗词的作用存在各种不同的意见。但也有一些学生觉得古诗词没有作用，甚至认为是虚度光阴。这说明，学生还未能充分认识到古诗词的作用，未能感受到其中所要表达的情感，也不谈不上受到古诗词的感染。还有一些学生认为古诗词对学习有帮助，这体现了学生为应付考试的一种功利性，这种理解很难使学生真正走进古诗词的意境之中，感受其中传达的人文情怀。国内外名著是学生课外读物的主体，古诗词涉及较少，相关的活动更是少之又少。

（二）对古诗词的应用较少

学生在实际生活中的应用古诗词的能力很重要。有的学生能够做到活学活用，有很少一部分不会运用，教师需要重视这一部分学生古诗词方面的学习。还有部分学生认为不存在影响，甚至是虚度光阴。但是很大一部分学生认为能够开阔自己的视野，使自身知识面更广，强化古诗词的鉴赏能力，能够走进诗人的内心世界，更加热爱生活和本国的传统文化；也有一部分学生认为能够提高自己的学习成绩；还一些学生认为古诗词量不够充足。

第二节　初中古诗词教学存在的问题

一、教师的教育理念传统

新课程改革以后，众多语文教师都在努力地寻求一种新的教学方式，力求将课改的目标贯彻下去。但是，仍有大部分的教师教育观念落后，教育理念传统。

（一）教师观

在传统的教育理念中，教师控制课堂，是课堂的主体，学生成了接受者，是接收知识的容器，虽然这种满堂灌的教学方式得到了很好的改进，但是依然存在教学观念传统的问题。在如何看待自身的问题上，还有很大一部分教师存在"教师是知识的搬运者和传授者"的问题，在课堂中，教师对自己的角色定位不准，认为自己是传统的传道者，忽略了学生是一个独立的个体，有自己的主观意识。

教师根据教材内容一字不漏地讲授给学生，学生处于被动的状态，把老师的思路复制在自己的脑海里，没有自己的想法，没有任何有创造性的见解，不利于构建他们自己的知识体系。如今的很多古诗词教学就是单纯地老师讲给学生听，很少存在着教师和学生一起热烈地讨论古诗词的美感的情况，很多学生对古诗词学习的认识就是背诵、默写，这样只会丧失了古诗词本身所具有的审美特性，也背离了古诗词教学旨在提高学生的审美能力这一目标。

另外，还有部分教师过于强调自己的付出，所以在教学过程把自己放在学生之上，要求学生绝对服从自己。这样长期下去，只会培养出两种极端的学生，逆来顺受或者任性叛逆，殊不知学生与教师之间是一种教学相长的关系，教师也会从教学过程的不断实践中以及不同的学生身上学到新的知识，教学技能和教育认知也得到了提高，教师在付出的同时，也得到了实现自我价值的成就感。

（二）学生观

在当前的教育中，还有部分教师的学生观偏颇，对待犯错学生，严厉责罚。人本来就不是圣人，况且圣人也有犯错的时候，更何况是成长中的学生，犯错误是在所难免的。但是有的教师却严厉责罚，甚至连改错的机会都不给，对犯错的学生也会区别对待，成绩好的学生和成绩差的学生犯同样的错误，给予不同的对待，缺乏公正公平，这种区别对待完全不利于学生的健康成长。初中阶段的学生心理还是处于比较稚嫩的阶段，所以一些想法会比较可笑，对于这种学生，教师要耐心教育，但部分教师把成人化的想法加在他们身上，无视他们发展阶段的特点，大声训斥。

在对待学生发展上，仍然有很多教师区别对待学生，在他们眼里，还是存在着优等生和差生，所以在平时的课堂中，他们会自然地把关注点放在好学生身上，对成绩不好的学生不管不问，这样只会造成那些成绩稍低的学生学习越来越差。比如，有的学校、有的班级存在按学习成绩排位置的现象，学习成绩差的会在教室的最后面，而有的教师会根据位置来评价一个学生，位置在最后面的学生，甚至一个学期都不会被老师点一次名，回答过一个问题。这种区别对待在很多地方都存在，学生并没有高低优劣之分，只有进步快和慢的差别。教师要尊重每一个学生，相信他们每个人都有发展的潜力和能力，作为一名教育者，要知道每一个学生的发展都有不同的特点，学生不应该被分成三六九等，要对每一个学生充满信心，给每一位学生相同的信任和尊重。每一位学生都希望有机会表现自己，都从心底里希望得到老师的认可，尤其是学习进度比较慢的学生，教师要积极引导，适时鼓励，使所有学生都得到发展，而不是让部分学生得到发展。关注每一位学生的发展，对学生保持合理的期望，尤其是要有耐心帮助那些进步稍微慢的学生，给予关注和鼓励，存在感也是他们进步的重要动力。

二、教学方法不灵活

教师的教学方法不灵活，甚至是教学模式比较单一。很多教师会让学生在开学之前完成下学期古诗词的背诵，这样再学习的时候便按照传统的古诗词教学过程草草地讲解一遍，学生能够背诵并准确地写下来就算完成了教学任务，这一过程大致包括介绍写作背景、朗读、分句翻译等，这样模式化的流程下来，一首古诗词被肢解，学生体会不到诗文美感。通过调查发现，逐句翻译这种教学方法普遍存在，众多教师对其他的方法并没有加以运用。现如今的课堂中都配备多媒体，但是在教学过程中，并没有起到实质的辅助的作用，还是有很大一部分的教师以传统的讲授法为主，方法单一，教学方式呆板，学生也提不起兴趣。教材中出现的一些古诗词对于初中生来说有一定的难度，在体会作者的思想感情方面可能会有偏差，而传统的逐句翻译很难让学生体会到作者真正的情感，学生很难做到感同身受，自然也就无法发挥主体性地位，这样一来，教学就变成了教师单方面讲授的活动。

许多教师还存在的一个问题就是：无论教学哪种文体，都是一个教学模式，可以说是一套流程。古诗词与其他文体不同，它的语言精炼含蓄，音乐性和抒情性强，意境优美，所以它的教学方法必然与其他文体不同。在古诗词的教学中，语文教师应该把关注点更多地放在意境上面，引导学生品味、感悟意境中蕴含的情感。另外，教学方法也要恰当新颖，不能像教现代文或古文一样，否则也就丧失了古诗词教学的根本目标，而且相同的教学模式容易使学生产生疲劳感，更别提学习兴趣了。除了古诗词本身要有独特的教学方法之外，内容不同、风格不同、题材不同的古诗词之间也要有不同的方法，这一点，很多的语文教师并没有做到，无论是热情奔放的豪放派诗歌还是细腻缠绵的婉约派宋词都用同样的教学方法，那么教学效果必然事倍功半。再有，教学方法应该是随着课堂的进行而变化的，教师面对的是一群人，一群有独立思想、有自我见解的人，再加上这一群人正处于思想活跃的年龄阶段，所以他们的很多想法必定是新颖而大胆的，这就需要教师根据学生的反映随时变化自己的课堂教学。但是，有很大部分的教师做不到这一点。他们会根据自己原本的教学设计进行，不结合学生的特点和身心发展情况进行教学，整个课堂只有教师一个人参与，使学生也丧失学习的兴趣。

语文教师应该把重点放在意境教学，也就是让学生反复朗读走进古诗词的意境，品味古诗词的韵味，如果将古诗词分解，一句一句地用枯燥乏味的语言进行分析，课堂就会变得毫无生趣，诗文也会毫无美感。古诗词的美是需要学生自己去感悟、去品味的，而不是教师把这种美感一点一点磨碎了放到学生的面前，这样古诗词的学习也就没有任何意义。

随着信息时代的空前发展，多媒体成了教师课堂的重要辅助手段，但是仍然有部分教师不善于运用多媒体，他们更依赖传统的教学方法，与这类教师相反，有的教师就会非常愿意用多媒体。笔者曾经听过一位语文教师讲课，他把古诗一句一句地展示在多媒体上，每一句下面跟几句赏析，然后照着多媒体开始读，下面的学生就在拼命地往课本上记，根本无暇体会语言的美感，甚至还没记完，老师就开始了下一个知识点。所以，多媒体的运用还是要掌握方法，运用恰当，才能称得上是教学辅助手段，不然最终还是会变成传统的"满堂灌"课堂。总的来说，虽然现在大部分教师在古诗词教学方法上越来越有研究，并且也都取得了初步的课堂成效，但是教学方法不灵活却依然是一个普遍的现象。

三、模式化解读代替学生的体验与思考

现如今的语文课堂有很大部分的语文教师在照本宣科地为学生解读教材，按照教参为学生解读意象，品味意境，所谓的古诗词赏析变成了教师一个人的赏析，然后把这种情感传递给学生。学生没有自己的体验，古诗词中表达最多的是作者的情感，要领会作者的思想感情最重要的是自己感悟，教师的讲解只是教师自己的想法，并不能代替学生，学生需要有自己的情感体验。古诗词的学习结果固然很重要，但最重要的还是学生在学习古诗词中体验的情感。有的教师认为：古诗词的学习与其他文体并没有什么不同，了解作者生平、分析每句的含义以及所抒发的情感都是必不可少的，确实，这些都对学生学习有很大的帮助，但是，一节成功的古诗词教学课并不是教师一遍一遍地解读文本。

阅读是学生独特的行为，是个性化的体现，自己感悟到的才是属于自己的，永远抹不掉的体验。教师要尊重学生独特的理解，注重引导，重在指导阅读，不以自己的分析来代替学生的情感体验，以单一的解读替代学生创造性的思考。学生的体验与感悟是学生自己对古诗词整体的把握和情感的抒发，一首古诗词虽然只有短短的几句，但是它的内涵却远远不止这几句。有的语文老师在教古诗词时像教数学一样的模式化，将古诗词分解

开来，把自己的情感强加给学生，学生完全没有自己的感悟和理解，这种模式化的解读，忽视了古诗词蕴含的审美特征，也忽视了学生的个性化体验，使古诗词丧失了它原本的审美教育意义。因此，要加强学生与文本的直接沟通，让学生自己去感受一方世界，培养学生感受美、鉴赏美、创造美的能力。

岁月的打磨让古诗词越发的光彩夺目。世界上每个人都是独立不同的个体，每个学生都有独特的情感经历，自然每个人的感悟也是各有不同，每个人都应站在自己的角度展开想象，理解作品，如果学生跟着老师的思路理解作品，没有自己的个性，那古诗词教学也就没什么意义了。欣赏古诗词，最重要的是学生自己的情感体验。学习古诗词并不只是简单的人与文本之间的交流，更是读者与作者之间的交流，通过学习古诗词了解作者内心世界，了解古人对生命、对人生、对国家的认识，并从中获得情感体验与人生思考。这种了解和获得的主体是学生自身，学生通过感知意象、走进意境，与文本进行交流，与作者进行对话，感悟作品中蕴含的情感。

第三节　初中古诗词教学存在问题的原因

一、功利思想遏制审美冲动

文学的审美意识形态的表现之一是无功利性。古诗词教学也应该是排斥这种功利思想的，学习一首古诗词，首先就要认识到它蕴含的审美内涵，课程改革倡导教师是学生学习的领导者，更应该具有无功利的思想，体验古诗词的审美世界，单纯地欣赏古诗词的美。审美所追求的并不是满足什么实际利益，但是，教育目的功利化一直以来都是语文教学面临的重大难题，古诗词教学也是这样。在应试教育大背景之下，古诗词的背诵和默写是语文教师重点强调的方面，以至于学生认为，只要背诵和默写都合格了，那么这首古诗词自己就掌握了，而语文教师重视背诵和默写，也是因为在中考的压力之下，教师自然地就会把应对中考作为教学目标之一。虽然课程改革之后，古诗词的学习不应该是为了考试，但是在调查中发现，古诗词教学依然是缺乏正确的动机。教师为了考试而教，学生为了拿高分而背诵，就算是有古诗词鉴赏，教师只会让学生重点鉴赏名句，与中考有关的知识就是重点，与中考无关的知识就几句略过，在这样的环境中学习古诗词，学生如何发现古诗词的美呢？学生在学习古诗词的时候只知道死记硬背，就算是品味其中的情感也是通过老师的讲解，这就是为什么在考试中，学生的诗句默写都能得分，而古诗词鉴赏却是一片狼藉。

受这种功利性的驱使，教师不停地检查学生的背诵和默写，课后的练习也是围绕着考试得分而练习，功利思想严重阻碍了学生的审美需求。学生在学习古诗词时，仅仅停留在对古诗词表层的掌握，甚至可以说是对考试要求的掌握，而忽略古诗词的美。这样只会片面理解古诗词，领悟不到古诗词中蕴含的真谛，也无法达到课标中所要求的提高审美情趣，注重情感体验。古诗词中蕴含丰富的美，古诗词教学并不是为了考试能取得高分，它有更大的责任，是让学生通过学习丰富自己的文化内涵，提升审美能力。

二、重内容分析

很多教师讲授古诗词都有自己的一套思路，重点解释诗句的含义，从字到词再到句子都解释得清清楚楚，这样一来，这首诗的意思学生肯定就能知道，但是一首具有美感的诗词就被教师解释的平淡无奇了。古诗词的学习最重要的是学生的体验感悟，而不是教师的内容分析，古诗词的韵味不是几句内容分析就能体会到的，对它们的理解需要学生在课堂上反复诵读才能体会。

例如《钱塘湖春行》，这是一首语言非常优美描写春天景色的诗歌，读起来就让人觉得美不胜收。笔者听过不少语文老师讲这首诗，整节课下来，授课教师的语言非常流畅，教学环节也十分流畅自然，只不过教师把课堂中的一部分时间用在了介绍作者白居易以及这首诗的创作背景上，另一部分用在了翻译诗句和内容的讲解上，整节课，只让学生诵读了一两遍，像这种语言优美，而且也不难理解的诗歌，教师怎么能一句一句地翻译呢？这种诗歌的重点应该放在语言的品读上，教师应该指导学生朗读，让学生在反复的朗读中品出春天的鸟语花香，读出春天的味道，让人仿佛置身于钱塘湖。漫步在钱塘湖边，聆听鸟儿优美的歌声，嗅着芳草的清香，想象驰骋在春的怀抱里，欣赏春天的美好，然后，写下自己的感悟和体会，毕竟，驰骋在这优美的春色里，每个人都会有不一样的体会。作为教师，不能一味地向学生灌输一些无聊的内容，更不应该剥夺学生自己感悟自然，感悟美好的权利。

有的老师教古诗词像教数理化一样理性，一步一步地分析，把一首优美的古诗词分解得零零散散，丝毫没有了古诗词的韵味。有的教师重点解决生字词，了解作者创作背景，翻译古诗词，这是一种错误的认识，他们只注重基础知识的积累掌握，而忽视了古诗词中蕴含重要情感。课标中提出了三个关键词"积累、感悟、运用"，有些教师就是只注重了基础知识的积累，而忽略了情感感悟，感悟是需要学生主体参与的，不是靠教师头头是道的分析就能做到的，而这是教师最容易忽略的。

三、学生主体意识缺乏

很多的教师教学观念传统，也表现在忽视学生主体的身份。课程改革强调在课堂教学中，学生是课堂的主体，课堂应该以学生为主，尊重学生的独特性，教师只是学生学习的引领者、促进者，教师要把课堂交给学生，让学生在课堂学习中积极主动地发现问题，探究问题，解决问题。但是在调查中发现，这种开放式的课堂很少运用到实践当中，在古诗词课堂中，学生只是跟着老师学习，老师讲，学生记，这是普遍的现象，基本上不会出现学生在下面大声讨论，教师在上面听的情况。在很多教师眼里只有授课内容，没有学生，他们只注重自己站在讲台上完成自己这一节课的授课内容，根本不会去关心学生有没有真正理解以及学生学习后的感受。调查发现，大部分古诗词课堂中仍是教师为主，重在讲授，教师并没有把主体交给学生，这可能是因为应试教育这种大环境的压迫，让教师无法放心地把课堂交给学生。教师忽视学生主体的做法，也直接导致大部分学生缺乏正确的自我认识。新课程理念认为，语文教育应该以学生为本，提高学生的主体意识，古诗词学习中的一系列的感悟与体验都要学生主体亲身参与。但是传统观念根基太深，导致学生缺乏正确的自我认知，认为课堂是教师的课堂，这种错误的认知导致大部分的学生在课堂中不愿意发言，不愿意参与，他们认为古诗词的学习依赖于教师的讲授，只有教师讲的才是最重要的，自己的想法和感悟无所谓。所以，当教师讲解古诗词时，学生根本不会投入进去，想当然地认为自己处于被动接受的地位，在古诗词学习中，丧失主体意识，像学习机器一样地接受老师知识的灌输。很多学生认为，学习古诗词，背诵、默写就可以，在课堂上大体听听老师的讲解，不去进一步了解古诗词内涵，长久下去，逐渐丧失学习的兴趣。

四、教学资源开发不足

教学资源是为有效地开展教学提供的一些素材以及各种可以被利用的条件，一般包括教材、案例、影视、课件等，也包括教师资源、基础设施等。随着国家对教育越来越重视，教学资源也占据了重要的地位，对教学资源的开发也是教育工作者们面临的一项重要的任务。

在当前的实际教学中，教学资源十分有限。首先是一直都占据重要地位的教材，教材是最基本也是最重要的教学资源，教材的编写贯彻了课程标准，符合教学目标的要求，同时也充分考虑到学生的身心发展阶段特点，精选学生终身受益的知识，从这方面看，教师要尊重教材，也要明白教材编者的用心。教师在进行备课的时候就要深入地研究教材，分析内容，把整本教科书装在心里。但是，很多教师却做不到这一点，在教学过程中，不注重教材内容的深度开发，不充分利用教材所呈现的内容，没有把教材的最大效用发挥出来。教材具有一定的稳定性和局限性，所以在教学过程中要注重其他资源的开发利用。随着现代信息网络的发展，网络手段被广泛地应用于课堂，大部分的教师都会在课堂中使用多媒体辅助教学，但是还是有部分同学认为，课堂中多媒体的使用对古诗词教学并没有起到什么实质性的帮助，这就是语文教师多媒体使用不当造成的。多媒体的使用是有技巧的，尤其是面对古诗词这样的文体，学生学习的参考最主要的就是教材，但我们不可否认，教材是十分平淡的，很多人觉得教材十分无聊，尤其是对于那些平时不爱看书的学生，这个时候，多媒体就能发挥很好的作用。当学生面对书本乏味的时候，教师要适时地通过多媒体吸引住学生，所以多媒体的设计要与教材互相配合，同时既不能喧宾夺主，也不能平淡无奇，能恰到好处地把学生的注意力引到古诗词中，完成教学目标。

多媒体课件的使用是教师值得深思的地方，同时一些热点话题和信息网络资料等也应该成为教师利用的资源，现在的学生普遍对微信、微博等上网软件感兴趣，教师可以充分利用这一点，适时地提高学生学习兴趣。就拿2017年寒假的一个事例来说，上海的一个女孩武亦姝因为在《中国诗词大会》中的出色表现而火爆朋友圈，很多人因为看了她的表现而去看《中国诗词大会》，这不也是其中的一种资源吗？尤其是现在的学生普遍喜欢网络，教师可以让学生在网络上观看一些视频以及一些有关古诗词的订阅号，既提高了学生的兴趣，也拓宽了学习视野。但是，现在的很多教师不会利用这一点，只是单纯的拿着教材，根据教参做个简单的课件，这样不变的授课，学生自然会觉得无趣，长此以往，也就失去了学习兴趣。

第三章　初中语文古诗词有效教学策略

第一节 提升教师专业素质

教师自身具备的专业素质决定了教学的质量，教师的观点和行为直接影响到学生，尤其是初中阶段，学生处于发展的关键时期，也是正确价值观形成的重要阶段，因此，教师要重视自身的言行，树立良好的榜样，把握正确的教育观念。提倡要以学生为主体，以促进学生的全面发展为理念，尊重学生，才能使有效的理念在教学过程中得到具体贯彻，使教学发挥有效性。

一、先进的教育理念

实施有效教学，最关键的因素是教师。当前，课堂教学效率低的原因主要有以下几方面：一是教师观念陈旧；二是教师关注点有误，教学只关注教，忽视学生的学；三是教学反思少。

教学理念是指导教学行为的思想观念，对教师来说，先进的教育理念是教师素质的基本要求。教师要不断丰富自己的知识储备，作为课堂的主导，要有丰富的知识，同时要深入地理解、把握教材。如果教师本身对教材的理解都不透彻，那么教学就会肤浅，学生学不到深入的知识。因此，教师作为新课程的直接实施者，必须储存自己的专业知识，不断拓展和深化专业知识。知识的厚度增加了，视野开阔了，课堂就会更加胸有成竹、得心应手。

叶澜教授有一句著名的话：一个教师写一辈子教案不一定成为名师，如果一个教师写三年教学反思，就可能成为名师。每一个教师都需要不断反思自己的教学，从而在不断地实践与反思中实现专业提升。教师先进的理念是有效教学的前提和基础，教师只有意识到自己在教学中的主导地位，不断提升自己，才有可能使古诗词教学发挥有效性。

二、注重学生的心灵和情感体验

在传统的教学中，学生是学习活动的客体，是被动的知识接受者，在课堂中跟着教师的思路，忽略自己的感受和学习体验。在古诗词学习中，教师也习惯地把自己的理解甚至是教参上的理解传达给学生，忽略了古诗词本身的美感，同时也忽略了学生自身的感悟和体验，剥夺了学生学习主体的身份。学生从古诗词教学中没有学到知识或得到发展，那么古诗词教学就是无效的。

首先，教师要转变观念，尊重学生的心灵，用发展的眼光看待学生，教师要尊重学生的差异，做到让每一个学生都能参与到课堂学习中来。其次，在古诗词教学中，教师不能以中考等考试作为标准来授课，而应该把目标定位在学生审美能力和文学素养的提升上。学生是具有独立思想的人，对任何知识的学习都会有自己的看法和见解，在古诗词学习过程中，学生独立感悟作者的情感，与作者进行思想上的交流是不可少的，教师要引导学生进入古诗词中，获得自己的情感体验和感悟。新课程改革提倡自主、合作、探究的学习方式，这就要求学生独立自主地参与学习活动中。学生的创新思维得到发展，这样的教学才是有效教学。

语文教师教的就是一种情怀。在古诗词教学方面，最重要的就是学生领悟古诗词的情感。例如，某一首古诗，它所传达的情感是"悲"，那么，作为语文老师，并不是教给学生这种"悲"的情感，而是教给他们这种"悲情"背后的原因，理解了这一点，自然，学生就没有读不懂的古诗词。学生读得懂，情感体验加强，就是进步，有了进步发展，教师的教学可以称得上是有效教学。

作为古诗词的欣赏者，每个学生都有自己的情感体验，每个人的经历都不一样，从作品中获得的情感也必定不同，而且每个人的欣赏角度也不同，体验也会不同，所以，在古诗词教学中，教师不应该把自己的或者教参上的理解强加到学生身上，应该引导学生自己进入文本，体验古诗词的意蕴和情感，形成自己独特的见解。例如：在学习杜甫的《石壕吏》的前两句时，教参上并没有特殊的讲解，只是简单地说，开头的两句交代了故事发生的时间和地点等，但是对于这两句，有很多的学生有他们自己的见解。比如，有的学生认为，故事发生在"石壕村"是因为当时到处都是战争，兵荒马乱的，作者不敢走大路，而是走偏僻的小路，但是，官兵却来到这个偏僻的村庄捉人，而且还是在夜深人静的时候，由此可见，当时的朝廷有多腐败，人民的生活又有多凄惨。古诗词本身就不同于其他的文体，尤其是教参上，关于古诗词的讲解，大都是解释一下意思，说说这句话传达出了什么，但是，古诗词本身语言精练，每一句都需要读者深入挖掘潜在意蕴。比如曹操的《观沧海》，学习这首诗，就需要教师引导学生体会诗中有景，景中有情的意蕴，让学生从简短的语言文字中体会沧海的浩瀚壮丽和诗人的博大心胸，这是靠读者自己去领会的。由于每个人的生活经历不同，学生对文学作品的解读也肯定不同，而古诗词本身内涵就比较丰富，学生会有许多不同意义的解读，袁行霈对"多义"的解释中就包括象征义、深层义，还有言外之意等。所以不同的人必然理解也会不同，当学生用自己已有的知识和经历去欣赏古诗词时，就会产生自己独有的见解。因此，对于古诗词的学习，在课堂上，教师应该把时间留给学生，让他们有表达意见的机会，注重学生的心灵和情感体验。

再比如，学习李商隐的《无题》，这首诗一般被认为是一首爱情诗，是站在女性的角度表达了对爱情的忠贞不渝。但是，也有人这样解读：前两句写的是唐朝的气数将尽，再也回不去往日的繁荣；三四句写的是自己对国家矢志不渝的爱，愿意为国奉献一切；五六句写的是自己已经年老，虽有报国之心却无能为力；最后两句则抒发了作者壮志难酬的悲痛之情。这又是另一种解读。

古诗词学习的过程就应该是读者与作者交流的过程，学习古诗词并不是为了所谓的默写和背诵，而是应该通过古诗词的学习理解诗人、词人所处的时代和他们的情感世界，从而加深自己对人生、对社会的认识和思考，并且从中获得审美体验与感受，所以，古诗词的学习，最重要的就是学生自身的情感体验。

因此，教师要多注重学生的心灵和情感体验，鼓励学生提出自己创造性的见解，只有站在学生的角度，关注学生的情况，才能真正接近学生，使每一个教学环节能够在学生身上发挥作用，才能根除满堂灌等教学顽疾，这样才算真正实现了古诗词的有效教学。

三、以学生的多元解读代替教师的一元讲解

由于每个学生的生活阅历和知识储备不同，再加上古诗词本身的多义性，所以对古诗词的解读并不是一元的，而是多元的，课程标准也指出学生的体验与思考是自己主动学习而不应该用教师的模式化解读来替代。教师的一元解读关注的是教学内容的完成，但是教学有没有效益并不是指教师有没有教完内容，如果学生不想学，那么教师就算解读得再认真也是无效教学。因此，在教学中，应该以学生多元化的文本解读代替传统的教师讲解，使学生在学习中得到进步或发展。

古诗词具有暗示性的特点，学生学习古诗词需要探究的是其中丰富的意蕴，这也是古诗词教学的意义。人教版初中语文教材中的古诗词大都是篇幅短小的古诗词，从这些精练的语言文字中探出精髓是古诗词教学的一个重点，语文教师应该引导学生从这些表面文字中领会内在含义。但是大部分的教师在古诗词课堂中，会采用一元讲解的方法，即讲授法，偶尔会有学生讨论的时候，但是学生的解读如果跟教参不符合的话，就会被教师驳回。长此以往，学生面对古诗词，不会主动去深入探究古诗词的内在，在古诗词鉴赏中也丧失了想象力。如果教师能够在教学中让学生结合自己的经验理解展开想象，解读古诗词，并产生自己的情感体验，那么学生学习的效率一定会高于教师单纯的讲授，并且可以让学生找到学习的乐趣，有益于身心的和谐发展。学生得到发展了，教学就是有效教学。

学生的多元解读指的是学生在学习古诗词时，能够不拘泥于教参或教师的一种解释，而是通过深入理解古诗词，探究古诗词中的多种含义。新课标中也提到教学要注重学生的个性化阅读，在传统的语文教学中，一元解读的地位尤其突出，甚至在现在的很多课堂中仍然占据重要地位。当然，课改以后，多元解读也被多次提出，也有越来越多的课堂提倡这种个性化的解读，但是，真正的多元解读也不是教师一味地附和学生的所有不同的解读。对于出现严重误读的情况不加以制止，这样，会让学生曲解文学作品，失去了作品的教育价值，也丧失了审美价值。所以，在实际教学中，教育者既要尊重学生个体的多元解读，也要适时引导，避免学生泛滥解读古诗词的意蕴。

第二节　合理优化教学方法

一、激发学生兴趣

兴趣可以提高学生的学习效率，对古诗词学习来说更是如此，古诗词是具有美感的，可是如果变成了教师的解读，那么学生必然会觉得枯燥乏味，所以，最重要的还是学生自己有兴趣。学生要明确古诗词的学习并不是为了取得好成绩，如果没有兴趣，就无法真正体会古诗词的美感，有了兴趣，学生才能积极主动地探究古诗词，提高审美素养，教学才是有效教学。

（一）古今相连，激发学生求知欲望

现代社会在飞速发展，新的事物、新的文化如雨后春笋般层出不穷，而现在的学生对于新事物的吸引力总是远远多于旧事物，很多人之所以对古诗词没有兴趣，也是因为古诗词年代久远，甚至可以说是古老的东西，距离自己生活的时代非常遥远，所以也没什么兴趣去认真学习，教师要消除学生的这种错误认知，才能让学生真正热爱古诗词。既然学生喜爱追求新的知识，那么，教师在课堂上可以把古诗词的内容与现代社会生活联系起来，与一些网络、影视、热点联系起来，这样学生感觉到古诗词中所蕴含的某些东西能够跟自己接触的现实生活联系起来，就会产生探究的欲望。教师也可以引导学生自己去发现古诗词与现代社会的联系，进而从这些联系中比较它们的异同。

古诗词之所以受到教材编者的重视，也是因为古诗词中所蕴含的传统文化和情感永不过时。尤其是在现如今物欲横流的世界中，古诗词中幽远宁静、淡泊名利不应该正是学生要学习的吗？语文教材中的古诗词有表达爱国之情、思乡之情的，也有表达亲情、友情、爱情的，这些美好的情感

是我们人类所独有的，但是很多人在这个纷杂的世界中，曲解了这些，甚至忘记了这些。初中阶段的学生，正是处于懵懂的青春期和叛逆期，对于爱情、友情不会真正理解，所以教师应该适时地把古诗词的情感联系到现实生活中来，让学生正确面对这些情感。

导入语是一节课的重要部分，能不能成功地把学生的注意力集中到古诗词上来，导入语十分关键。教师在讲授古诗词时，可以把与本节课要学习的古诗词有关的知识放到导入语中，并且这些知识的选择还是与学生现如今的生活相关，这样，学生会有自己身在其中的亲切感，方便代入，能够产生情感共鸣，也能够激发学生对古诗词学习的兴趣。例如，学习苏轼的《水调歌头》这首词，教师在导入语的设置中可以插入王菲的《但愿人长久》这首歌，熟悉的旋律一响起，学生伴着音乐走进古诗词意境，感受作者的美好祝愿。

（二）创设意境，引起学生情感共鸣

除了诵读古诗词以外，教师还应该运用辅助教学手段，激起学生的想象欲，呈现古诗词中的画面，创设情境，领悟意境美，体会作者的思想感情。

古诗词具有其他文体无可比拟的意境美，也是因为古诗词非常擅长用意象来塑造意境，它的情感绝不局限于表面的词句意思上，而是需要发挥想象，分析意象，进而走进意象带来的意境，才能体会到古诗词背后的意蕴。而情境教学正是创设意境，引起学生兴趣的重要策略。教师可以让学生分析诗文的意象，以及了解诗词的写作背景和作者的经历等，让学生近距离的接触作者，引起情感共鸣，更深入地体会作品的丰富意蕴。因此，教师可以根据教学内容、学生特点来选择合适的情境教学，激发学生探知欲。学生的求知欲被激发，也是教学的重要效益。

教师借助多媒体等直观的教学手段，结合语言讲解，帮助学生在头脑中主动构建学习内容的画面，创设情境，领悟古诗词中的意境美。如《天净沙·秋思》，一直被视为意境美的代表之作，有很多老师是这样教这首词的：首先引导学生找出能表达作者情感或状态的字——断肠人，这首词除了这三个字以外，其他的都是作者对意象的描写，教师让学生反复读这几句，并在脑海中呈现自己看到的那幅画面，用自己的语言再描绘出来，

学生都沉浸在夕阳西下的落寞的意境中，自然很容易感知作者那份断肠人的悲凉之情。

以《赠汪伦》为例，这首诗内容生动简单，却饱含真挚的情感，对学生来说理解起来也相对简单。教师可以为大家模拟诗中的场景，让大家体会这首送别诗中蕴含的细腻情感，感受作者的质朴情怀，还可以让学生体会到友情的可贵之处，并引导学生联系身边的友情，对比体会其中的异同。这简简单单的一首诗中蕴含的道理和文化非常丰富，能够深刻地了解这首诗中反映的文化特色，体会其中的思想感情，有利于丰富学生的精神世界。

学生对古诗词学习的兴趣能帮助学生加深对知识的理解，学习效果也比普通教学效果要高，教学有效性也高，因此，想要让学生学好古诗词，兴趣显得尤为重要，教师应该引导学生关注意象，进入作者营造的意境之中，从而使学生更深刻地理解和把握古诗词中的丰富意蕴。

二、类比迁移法

古诗词不是一个单独的个体，它们之间都有微妙的关系，有的风格相同，有的内容相似，因此在古诗词教学过程中，教师不能单纯地教一首古诗词，而是进行分类比较，比较古诗词之间的异同之处，同时，也能通过比较发现古诗词的丰富多样，使学生更全面的了解古诗词，提高传统文化修养和审美素养。当然，比较法的运用也并排适合所有的古诗词，教师也需要根据古诗词的内容和学生的实际情况选择适合比较教学的诗词，所选的古诗词之间一定要存在某种共通性，存在某些相同的特点，而且教师对所选的古诗词要充分了解，有广博的知识储备，而不是随意选取。

（一）同类比较法

同类比较指的是教师可以把风格相同的或者题材相同的古诗词放在一起进行比较教学，比如可以把两首边塞诗放在一起学习，也可以把同为送别题材的放在一起教学，这样使学生的学习内容更加广泛全面，并从中发现某一类古诗词的特点。

例如，学习张养浩的《山坡羊·潼关怀古》，可以把这首诗和他的另一首《山坡羊·骊山怀古》放在一起比较教学。首先，这两首诗都是吊古抒怀的，前一首诗是作者面对受苦受难的百姓发出的感叹，自古帝王成就的霸业，总是会经历一番战争，而受苦的都是老百姓，辉煌过后，朝代更换，百姓苦不堪言。朝代的兴起与衰亡都与老百姓息息相关。而后一首诗同样也是对历史发展的感叹，这首诗感叹的不再是百姓的苦难，而是朝代的兴衰。作者认为每个朝代都有兴亡，可是不管是兴还是亡，最终都会随着时间的流逝，被历史的车轮碾压，既然如此，何必把兴衰放在心上呢？其次，这两首诗在写作手法上也有值得探讨之处，这两首诗格律相似，思想内容差不多，风格也相似，放在一起比较教学，能够让学生更深刻地了解张养浩及他的作品的思想内容。

教学白居易的《钱塘湖春行》可以把题材相同的苏轼的一首写西湖的诗《饮湖上初晴后雨》放在一起进行比较阅读，这两首诗都是以"西湖"为题材，但是在写作手法上却有很大的不同，苏轼的这首诗概括凝练，表达了作者陶醉于西湖美景的感受，而《钱塘湖春行》则充分体现了写实风格，细致地描写了西湖的美景，描绘了一幅勃勃生机、春意盎然的西湖美景图，把这两首诗放在一起，让学生体会同一题材的诗写作方面的不同，让学生更全面的了解古诗词的博大精深。

古诗词最离不开的就是意象，教师可以把相同意象的古诗词放在一起比较阅读。比如，古诗词中以"月"为意象的数不胜数，教师可以把以"月"为意象的古诗词放在一起，引导学生进行归纳、比较，有助于学生对中国古典意象多重含义的认识。

（二）异类比较法

相似的古诗词可以一起比较阅读，不同古诗词的也可以进行比较教学，通过这些不同种类的比较，让学生认识到中国古典诗词的博大精深、千姿百态。

由于社会环境的变化和生活经历的变化，同一个诗人、词人，在两个不同的时期，作品风格也会有差异。语文教师在教学过程中可以引导学生对作者不同时期的文学作品进行比较阅读，能让学生更全面的了解作者，从而能够准确地解读作品。例如，在教学李清照《武陵春》的时候，可以与她早期的一首词《如梦令》进行同时教学。《武陵春》这首词写的是词人借暮春之景来抒发自己内心的悲伤和哀愁，从李清照的经历中可以知道，此时的她经历了战乱，国破家亡，丧失丈夫的痛苦让她的词风变得凄凉悲怆。李清照早年的生活是无拘无束、没有哀愁的，所以她早期的词清新活泼，充满了少女的天真烂漫，《如梦令》就是她早期的作品，恬静热烈，体现了少女的活泼。李清照结婚以后，爱情的滋润，让她的作品中充满了缠绵和柔情。但是，她的丈夫经常外出，孤独的她就把这种愁苦表达在作品中，《一剪梅》就是她这一时期写的。再后来国破家亡的大变故，让她的词风迅速转变，"愁"成了她作品中的主要感情。与《武陵春》同一时期的，还有不少著名的作品，道尽了她晚年的孤独凄凉。李清照的作品前后期差别很大，教师可以进行教学的拓展延伸，联系作者各个时期的作品进行比较，这样既能拓展学习范围和知识深度，也能丰富知识储备，有利于良好的审美个性的形成。

再比如，杜甫——现实主义诗人的代表，一提到他的诗，大家能想到的就是"沉郁顿挫"，《茅屋为秋风所破歌》《石壕吏》等都是他这种风格的代表，但是杜甫的诗不全是这样的，他的诗前期也是清新自然的，如人教版初中语文八年级上册中的《望岳》，充满了昂扬向上的精神，这首诗与《春望》《石壕吏》放在一起，也体现了教材编者的用心。这三首诗具有不同的代表性，尤其是《望岳》和《石壕吏》，它们风格相差甚远，教材编者却把它们编在一起，也是希望学生能够比较、体会作者不同时期作品的差异。所以教师在教学中，也应该通过比较，让学生直观地体会到杜甫诗风的差异。

总而言之，古诗词博大精深，能够用来比较的特别多，教师如果要进行比较教学，就要抓好比较的点，这个点要恰当，要在学生的理解水平范围之内，通过比较，学生了解古诗词的多元化，开阔眼界，积累更多的文学常识，更深刻地认识古诗词，这就是学生的巨大进步，也是教学的巨大效益。

三、利用现代化教学手段

随着科学技术的进步发展，越来越多的技术手段应用到教学中来，传统的讲授法虽然拥有不可替代的地位，但是现代化教学手段也成为课堂教学不可缺少的一环。通过调查发现，多媒体教学深受学生的喜爱，很大一部分的学生表示更喜欢用多媒体进行教学的教师，但是很多教师并没有很好地发挥多媒体的潜力，运用现代化教学手段进行古诗词教学可以从以下两个方面着手。

（一）多媒体辅助教学

古诗词由于其写作年代久远，距离学生的生活遥远，诗中所描写的一些生活场景、劳动方式、生活习惯等与当今社会差异太大，是学生们难以想象或理解的。又或者是诗词的写作背景过于复杂，不是教师三言两语的描述就能让学生了然于心的，加之学生古诗文积累相对较少，古诗词阅读能力有限，造成了古诗词教学相当困难的局面。

1.多媒体辅助教学的优点

多媒体作为一种现代化的教学手段，在古诗文教学中有着很大的优势作用，它可以化抽象为具体，化静为动，化枯燥的文本为生动的画面、视频等，不仅能吸引学生的兴趣，而且有利于启发学生个性化的理解。因此，将多媒体与古诗词教学相结合是十分必要的。其主要优势作用表现在以下三个方面。

（1）变抽象的古诗词语言为直观的画面

古诗文语言与现代白话文在语法、词汇、格式等方面有很大差异，对初中的学生来说有一定难度，通常读完文本仍不明白意思更不用说眼前呈现出一幅具体的画面，深刻体会诗词的意境和情感等。但如果能够借助图像媒体，将抽象的文本转化为一幅幅生动的画面，那么学生对古诗词的理解会更透彻、深入。如王湾的《次北固山下》中的"潮平两岸阔，风正一帆悬"。"阔"和"悬"是两个很抽象的词语，如果为学生展示一幅与之相应的画面：两岸青山绿树，一江潮水波澜不惊，江面开阔，与天相接，和风吹拂，风向不偏不倚，远处的一叶白帆如悬挂在高远的江天。通过这幅图的展示，学生能更好地体会平野开阔、大江直流、风平浪静的开阔气象。

（2）使古代的生活情景重现

中华文化源远流长，从先秦诸子百家的散文到隋唐五代魏晋风度，从唐诗宋词到明清小说，跨越几千年的历史，距今更是千年之遥，今日的学生无法回到那个特定的历史环境中，就无法真实地感受到文人墨客们或寄情山水或忧国忧民或恬淡闲适或舍身赴死的心境，也无法感受特定历史条件下英雄们的豪迈气概，奸雄的心狠手辣，才女的蕙质兰心。而如果借助影像媒体，将遥远的历史生活重现在学生眼前，让学生置身其中，那么他们会拥有对作品以及人物的真实的感受。

（3）帮助学生多方面理解诗意

一首脍炙人口的诗篇，作者或借古讽今，或借景抒情，或蕴含深刻的道理。学生在仅仅借助课下注释的情况下，对诗歌内容会有一定的了解。如果学生们能结合教师的讲解，就会对诗歌有不同角度的理解。但教师的理解毕竟是有限的，如果能够让学生充分运用网络媒体，在互联网上查找人们对同一首诗歌从不同角度的分析，更有助于学生从词语、意境、思想内涵等多个方面去把握整首诗，从而启发思维。如白居易的《钱塘湖春行》，有的文章侧重于对词语运用的精妙与否进行分析。颔联"几处早莺争暖树，谁家新燕啄春泥"中"早""新"两字用得颇为准确，暗示了此诗所写一定是初春之景，"争""啄"两个动词表现了莺燕初出的动态之美。有的文章是从诗歌的写作背景上来分析。作者白居易在长庆二年（公元 822 年）被任命为杭州刺史，钱塘湖即为西湖，位于杭州，由此我们可以推测出这首诗写于长庆三四年间的春天。更有的文章从美学欣赏原理的角度来解读这首诗。西湖的美景人尽皆知，可是到头来，我们也只能吟诵几位大家的几首作品，自己却发现不了它的美，甚至当自己身临其境时也感受不到它的美，原因何在？是因为我们不善于观察、发现、体验。而白居易是带着一副美学家的欣赏的眼光，独具慧眼地发现它的动人之处。诗人并没有看到很多的"早莺""新燕"，如果是我们很可能会因为没有看到莺歌燕舞的热闹景致而遗憾，可白居易却不这样认为，正是因为"早莺""新燕"才有一种感知早春的喜悦之情，才能更好地迎接春天。还有的文章将本诗与韩愈的《早春呈水部张十八员外》进行比较赏析。"浅草才能没马蹄"与"草色遥看近却无"有异曲同工之妙。"最爱湖东行不足，绿杨阴里白沙堤"与"最是一年春好处，绝胜烟柳满皇都"表达的情感也是相同的。所以，通过上网查阅资料这种形式，方便学生多角度、深入地理解诗文的内涵及背景，从而引导学生发散思维，提高对诗歌鉴赏的能力。

多媒体不仅能够让学生直观地感受古诗词画面，还可以进行阅读教学。古诗词的美感最重要的来源之一就是语言美，而语言则是通过诵读展现出来的，学生通过诵读，能够感受语言美，丰富自身的文学修养。通过调查发现，有些语文教师在古诗词教学中主要是自己进行朗读示范，而不是要求学生做到正确的朗读。教师应该在课堂上借助多媒体，进行朗读伴奏，也可以通过多媒体将画面与声音相结合，达到课堂应有的效果。另外，教师的示范朗读应该利用多媒体配乐进行，通过配乐伴奏，突出自己在朗读时的节奏、声调的变化，让学生感受到作者情感的变化，学生也可以通过教师的配乐朗读，感受诗人营造的意境，体会作者的情感。例如，学习《茅屋为秋风所破歌》这首诗，仅仅只靠教师的朗读，学生可能很难体会其中的悲愤和忧愁，这个时候，教师可以选用一些曲调委婉低回的音乐作为背景乐进行朗诵，例如古筝乐曲等，整个课堂都在悲愤的环境中，自然这样的氛围就会感染到学生。如果教师朗读的功力欠缺，教师可以从网络上找一些示范朗读的音频，配合背景乐，放给学生听，在大环境中感染学生，让学生仿佛置身其中，感受作者的情怀。

2.多媒体应用于古诗词教学中应注意的问题

（1）课件设计重点突出，目标性强

多媒体课件的设计要重点突出，要有明确的目标性。每一个课件的制作，都是根据课文的教学重点和难点，学生的具体情况，从教学实际出发的，并非为了使用多媒体而使用多媒体。

（2）课件设计和使用应把握好"度"

课件设计和使用要遵循适度性原则。适度性原则就是指在学科教学过程中有效组织信息资源，提供适度的信息量，在解决教学重点、难点，扩大视野的基础上，能让教师自主教学，让学生在教师的指导下自主地对信息进行加工。

第一，文字量适度。多媒体在很大程度上方便了教师的备课、讲课，尤其是对于一些年轻教师而言，他们既有较好的计算机操作技能，又有活跃的思维，这些促使他们制作出一些新颖、独特的课件。同时课件具有提示作用，在备课不充分的情况下，可以根据课件的提示来进行讲解。但是如果将自己要讲解的知识全部用课件以文本的方式展示出来，那么必定会引起学生的反感，也会给学生留下老师照着课件"读课"而非"讲课"的印象。每张课件的文字量要适度，只展示要点，做到清晰、简洁、有条理。

第二，信息量适度。多媒体课件都具有信息量大的特点，所以教师在制作课件时往往不遗余力，将所有可能考到的知识点都呈现出来，导致课堂容量过大。为了完成课程任务，很多教师甚至不顾及学生的消化吸收能力，快速地切换课件，以为课件播放完全学生就对文章有了全面、深入的理解。殊不知，一节课学生们只是走马观花地看热闹，完全没有思考时间，影响了学生对知识的掌握。

第三，形式适度。多媒体课件具有生动性的特点，教师在制作课件时会插入图片、声音等以吸引学生的兴趣。但是如果在制作上使用了大量有趣的图片、奇怪的声音会使课件华而不实，分散了学生的注意力，那就事倍功半了。如课件切换时有不同的动画效果：切换方式有盒状进入、百叶窗进入、棋盘进入等；切换声音也多种多样，有爆炸、打字机、风铃等。如果每张课件的切换都采用不同的动画效果，那么学生的注意力都集中在课件切换的瞬间而非内容上，严重影响课堂效率。

第四，多媒体使用量适度。各种媒体资源的综合运用能够丰富课件的构成，活跃课堂气氛，抓住学生的注意力，但是对其使用也要有一定的限度，并非越多越好。除非是电影欣赏课，否则一节课最多用 1/3 的时间用来欣赏图片、音乐和视频材料。根据有意注意和无意注意相结合的原则，超过这一限度，会将学生的注意力完全吸引到这些多媒体资源上，思维随之发散的太远以至于无法收回，影响之后的听课效果。

第五，多媒体使用时机适度。课堂上媒体资源的使用要选择恰当的时机，同时还要选用合适的媒体形式。图片、音频、视频等并非只能在每节课的导入环节才能使用，以此来创设情境。只要其使用恰到好处，他们可以随时出现在课堂的每个环节。

（3）课件与传统教学方式相辅相成

教学过程是师生紧密合作、互动的一个过程，不能仅仅突出教师的教，也不仅仅是学生被动学的过程。多媒体技术作为一种古诗词教学的手段，其根本目的就是为了更好的辅助语文教学活动。

课件将教学难点形象化、具体化，但不能完全取代教师的讲解，成为整节课的主角。毕竟现阶段的教学还无法达到人机交流的程度。尤其语文课堂更应该是师生感情的真实流露、迸发、升华的场合，是充满人文关怀的场合。如果教师整节课都只是俯身操作电脑课件，一张张精美绝伦的图文从学生眼前闪过，但是连最起码的师生间的眼神交流都没有，更不用说鼓励的微笑、赞许的手势等，那么这样的语文课不再具有专业性，任何教师都可以来给学生播放课件。

多媒体课件通过文字、图像、动画的配合能够使难点简易化，但课件制作不能过于形象化，要达到"言有尽而意无穷"的效果。图片、动画的设计最好能显而不露，就像是"冰山一角"的感觉。这样就能激发学生的想象力，使其经常处于兴奋的状态，又能轻松理解文本的难点。如果将课件内容做到面面俱到，那么多媒体技术就失去了辅助性作用，成了扼杀学生想象力、固化学生思维的凶手。

如赏析赵师秀的《约客》一诗时，为了表现"黄梅时节家家雨，青草池塘处处蛙"的客观环境，笔者在网上找了两幅与之相关的图片。第一幅图是雨中老屋的远景，第二幅图是一片广阔的池塘，池塘边绿草丛生，池塘中数朵荷花含苞待放，几只青蛙分别蹲在荷叶上，并配以密集的蛙叫声。在赏析之前，先让学生在脑海中想象一下前两句所描写的景色，然后再出示这两幅图片，引导学生进行联想。

（4）课件制作讲究和谐性

一个成功的多媒体课件应在呈现的内容具有较强的教学性的基础上追求屏幕的美观、形象和生动，即具有良好的艺术性。这种艺术性绝不是单纯为了追求强烈的艺术感染力而使用夸张的声音、绚烂的色彩、多变的动画技术等，而是在不喧宾夺主的基础上，制作出界面美观，带给学生愉悦体验的实用课件。

由于多媒体课件大多是以画面的形式呈现给学生的，所以教师要用心设计好每一幅画面。画面中包含背景、文本、图画、声音、视频等方面，所以其艺术性就体现在能否将这些因素完美地、有机地融合在一起，带给学生舒适、全新的视听感受。

第一，背景与意境的和谐。背景的选择对整个课件的制作具有至关重要的作用，背景的基调色彩，应适应主题需要，据有概括力和象征意义，它决定着带给学生的第一印象。古诗文，代表着中国古代的传统文化，是中华民族五千年精神文明的积淀。因此，夸张、绚丽的背景与之是不相称的，应选用一些比较高雅的背景使学生感觉自然，享受古文学习，似乎课件本身就能散发出古典文化的韵味。

第二，字体、图案与文本内容的和谐。字体包括字形和字的大小设计。一般要求字形清晰、标准，采用宋体或行楷更符合古文的"气质"。字的大小适中，让所有学生都能清楚辨认。除此之外，为使屏幕形象更加直观，还需辅以一定的图案加以点缀。与之相配的图案要与文本内容一致，使学生获得美得享受，不可喧宾夺主，影响注意力。

第三，切换效果前后的一致性。多媒体课件的制作除了要注意背景、文本、图画等静态的画面，还要注意动态画面的有效运用。这里的动态画面包括课件内的音频和课件的切换效果。课件内插入的音频效果要清晰，但音量不宜过大，保证能够带给学生愉悦的听觉感受。课件的切换效果很多，但应尽量保持前后的一致性，不可在同一授课环节中不断变换各种切换效果，引起学生不必要的注意。如在词义理解环节教师制作了四张课件，那么这四张课件的切换效果要保持一致。同时要注意的是，古诗文的课件不要采用特别夸张的切换效果，以免破坏文本特有的意境。

（二）互联网热点激发学生兴趣

如今的网络世界纷繁嘈杂，人们在感叹网络纷乱的同时，不得不承认，互联网带给了人类巨大的便利，也是学习者获取信息的重要来源，微信、微博越来越被所有年龄层中的人所接受，这并不是坏处。现在的学生，比起书本，他们更愿意沉浸在网络中，论查找资料，互联网比图书馆来得更方便快捷，教师完全可以利用这一机会，激发学生兴趣。

最近几年，传统文化的关注度不断上涨，新教材的改编使用，更加证实了传统文化对中小学生的重要影响，而古诗词正是传统文化的一个重要体现，有关古诗词的节目更是如雨后春笋般登上互联网舞台，尤其是央视的《中国诗词大会》，引发了大批网友的热追，节目内容有内涵，有诗意，将我国经典古诗词呈现在了荧幕上，拓展了古诗词文学的传播途径。而节目一播出，也频频登上互联网热搜榜，学生更愿意从互联网中获取新知识，教师就要认识到这一现象，充分利用互联网，让学生热爱古诗词。

同一首古诗词，放在课本中学生可能觉得索然无味，放在节目中，可能就会觉得韵味无穷，所以教师要正确利用网络资源，发挥网络优势。在如今的教育环境中，教师也要充分利用互联网，拓展教学，开阔学生思维，让学生既能学习到书本当中的古诗词知识，也能学习到书本以外的丰富多元的古诗词的知识。在古诗词教学中，教师指导学生自己在网络上查找相关学习资料，搜集自己感兴趣的资料及知识，在课堂上分享交流，也贯彻了新课改中自主、合作的学习方式，有助于学生学习效率的提升。

教师需要注意的是，现代化的教学手段只能作为教师古诗词教学的辅助教学手段，无法代替传统的讲授方式，利用多媒体可以让学生更直观地感受古诗词的美，但是也可能会有不利的影响，有时会在一定程度上限制学生的想象，直观的画面进入学生的脑海，很有可能会形成思维定式，不利于个性化解读。因此，在课堂上结合教学内容利用现代教学手段，教师要拿捏得当，既能激发学生想象，又不能抑制学生思维，发挥现代手段的正确效用，优化教学效果。

四、吟诵教学，感知韵律

朗读法，就是把书面语言也就是文字，转化为口头语言，把无声语言转化成有声语言的一种教学方法。通俗来讲就是读出声音，通过诵读，更容易使学生领悟作者所要表达的情感，诵读自古以来就被广泛应用于古诗词教学中，是迄今为止应用最广、效果最显著的教学方法。

（一）通过吟诵感受古诗词的音乐美

朗读古诗词，可以提高欣赏品味，古诗词节奏鲜明，韵律感强，音乐性较强，这样读起来更是朗朗上口。刘勰说："吟咏之间，吐纳珠玉之声"[①]。言语之间肯定了诵读的重要性。叶圣陶先生在前人的基础上提出"美读"："美读得其法，不但了解了作者说些什么，而且与作者的心灵相感通了，无论兴味方面或是受用方面都有莫大的收获"[②]。吟诵对各种文体都非常适用，尤其是古诗词，它的节奏和韵律之美，只有"读"才能感受得到，在吟诵中把握古诗词的韵律、情感，通过感官发出的声音，体会古诗词的音乐美。当古诗词的节奏、韵律深入到人的感官之中，那么古诗词中蕴含的情感就会更生动明确地表现出来。因此，在实际课堂中，教师可

---

① 吴未意.从《文心雕龙·知音》谈刘勰的文学批评观[J].宜春学院学报,2011,33(03):143-144.
② 周顺荣.美读是朗读的最高境界[J].文学教育(上),2008(12):45.

以教给学生朗读的技巧，使他们明确古诗词的节奏和重音、掌握朗读的语速和语调，激发学生朗读古诗词的热情。

在诵读中，学生更能体会到古诗词的节奏感，因其本身就是音乐性很强的一种文体，有很多的古诗词能够直接配乐演唱，吟咏之间，体会音乐美，提高审美素养，同时有利于提高教学有效性。

古诗词的吟诵要注意技巧，了解内容后，要采用恰当的语调和速度，结合情感使用合适的语气进行朗读。以苏轼的《水调歌头》为例，这是苏轼在密州时写的一首词，当时，苏轼与其弟分别七年之久，这首词中既表达了苏轼在政治上的不得志，也表达了对远方亲人的怀念和美好的祝愿，同时也显示了他的豁达胸襟。因此，在朗读中，要注意根据作者情感的变化调整朗读的语调，要了解词人由最初的苦闷迷茫到豁达的心路历程，例如"明月几时有？把酒问青天"望着天上的明月，词人悲从中来，饮酒问青天，这两句要读出凄凉感，在几个重音上拖长音节，尽可能地表现出词人当时的无可奈何。一个"问"，将词人的苦闷压抑抒发得淋漓尽致，这都需要读者认真揣摩。通过诵读，根据不同的内容把握停顿、轻重音、节奏等，品味古诗词的美。

（二）通过吟诵感受古诗词的情感美

通过调查我们也发现，很大一部分的教师在教授古诗词时采取的方法就是朗读。作者在进行创作时会因为心境的不同而产生不同的作品，而他的心境则会反映在文学作品的字里行间，教师要引导学生在朗读中，体会作品所传达的情感，而吟诵的最终目的便是要领会诗人感情。有的古诗词的情感基调非常明显，学生在读的时候就很容易读出情感。例如，《天净沙·秋思》，整首词传达的感情就是悲凉、是寂寞，因此，教师指导学生朗读，要放慢朗读的速度，也要控制声音的大小，读出断肠人的孤苦和思乡之情。

古诗词的吟诵，最主要的是把握作品情感基调，读出作者的真情实感。例如，李清照的《武陵春》，这首诗写于李清照历经凄惨遭遇之时，整首词弥漫着凄苦悲凉，读来就应该悲深哀婉，情至泪下。通过朗读，感受作者的情感变化，进一步把握文章主旨，理解作品的内容，进一步将古诗词中蕴含的丰富的情感内化为自己行为的准则，增强审美趣味。因此，吟诵能帮助学生领会古诗词的情感美，能够使学生获得独特的心灵和情感体验，不失为一种有效教学策略。

五、体验教学，身临其境

古诗词体验教学应引导学生经历"知诗意—想诗景—感诗情"的教学过程，在这一过程中将学生已有的主体经验进行重组或者更新，其中充盈着自主、探索、建构、生成、创新等词汇，使学生能够真正走进作品当中所描绘的画面、情境，体验领悟作者抒发的情感以及所包含的意蕴。因此，提出的初中古诗词体验教学对策围绕以上几个方面，无论是对于教师还是学生都有帮助。

（一）更新观念，关注体验

古诗词体验教学需要教师对学生进行引导，教师的观念对于教学内容的制定、教学方法的选择都有影响，教师首先应该提高对古诗词体验教学的认识，以便更好地开展古诗词体验教学。

1. 完整理解，落实课标

课程标准体现了国家对不同阶段的学生在识字与写字、阅读、习作以及口语交际方面的基本要求，并提出了相应的实施建议，这是教师教学的基础。教师必须遵循课程标准来培养学生在知识与能力、过程与方法、情感态度与价值观方面应达到的基本要求。课程标准中对初中古诗词的教学实施与教学评价都进行了指导，尤其是"体验"一词反复提出。在古诗词体验教学过程中应努力体现语文课程的综合性和实践性，古诗词不只是考试的工具，在语言文字运用中也要体现古诗词的价值，注重学与思的有机联系，加强教学内容的整合，促进学生语文素养的提高。学生通过古诗词体验教学，不应只是掌握了一种考试的工具，还要获得精神的启示，如果只将教学停留在词句、技巧上，忽略了体验，那么在教学中培养学生的人文精神这一目的也就被丢掉了。在古诗词体验教学中，将发展学生的思维，培养想象力，与掌握学习方法、提高语文能力融为一体，让学生在积极主动的思维和情感活动中，加深对古诗词的理解，进行更深一步的体验，在优秀传统文化的熏陶感染之中获得启发，产生新的体验和感悟。

"学科教学是学校培养人的途径与基本活动。学校的一切工作活动，都是围绕着培养人这一根本目标组织、开展的。从这个意义上，我们把知识及其教学都看作手段，而非目的。"

因此，在古诗词体验教学中，应体现工具性和人文性的统一。"体验"就不仅仅是认知教学，还需要去体验、领悟，并不是单纯地为了认知而认知，在认知活动背后还有着人文精神。古诗词体验教学具有强烈的情感色彩，学生可以从自身的生活经验、内心的情感积累和直接的感受出发，去体验和揭示古诗词当中的意蕴。体验的结果常常是一种新的情感的产生，是对古诗词情感的深切领悟。学生在阅读的过程中投入情感，通过诗人的情感来感受生命的澎湃，这就要求古诗词的教学内容不能重工具性，轻人文性。《诗经》是中国古典诗歌的滥觞，《关雎》作为《诗经》的首篇，其重要地位也是不言而喻。学习这首诗的价值不仅在于学习《诗经》的语言特点，其中的中国传统伦理道德也为学生提供了借鉴。中学生阶段是道德和价值观形成和发展的重要时期，青少年经常会思考一些问题——什么是正确的？什么是重要的？应该以什么样的标准来判断人的行为？《关雎》所歌颂的是一种情感克制、行为谨慎，以婚姻和谐为目标的爱情，所以儒家思想认为这是一个很好的典范，可以作为青年男女修养德行的教材，起到"教化"作用，对于学生的情感态度价值观的培养有积极作用。"学生的阅读与表达的过程，是接受他人或传递自己的思想观念和情感态度的过程，语文课程必须关注学生精神方面的成长，将知识、能力的教育与立人教育融为一体。"因此，完整理解课标，在教学中既不偏重工具性，也要体现人文性。

2. 师生平等，尊重个性

在古诗词体验教学中教师与学生所形成的最基本的关系就是平等、民主的关系，以"人—人"模式构建师生人际关系，而不是"人—物"的模式。教师不再是知识的权威，学生不再是被动接受的对象，师生之间是在进行平等的对话，在对话中师生进行体验、交流，共同感受着古诗词当中的生命意义。在这一过程中教师的身份是一名文化传播者，向学生介绍优秀民族文化；同时也是一名具有完善的知识结构并且相较于学生而言具有丰富经验的教育者。学生是需要通过教师教学来完善自身的知识结构，不仅要提高学习能力，而且必须具有正确的世界观、人生观和价值观的成长者。在教学过程中，教师不用过于强调自己的"角色"，自己是知识的权威，为了维护自身的权威严格地控制学生，而忽视了教师与学生最基本的关系。每个学生都具有感受别人思想、情感的能力，也具有表现自己内心感受的能力，当教师给学生机会表达自己而不再是单纯地接受时，学生的积极性就会表现出来，课堂氛围也变得活跃。

古诗词体验教学的独特性。学生学习古诗词不是把它当成认知对象、死板、无生气，而是要与它进行对话，站在自己已有的经验之中理解它。教师设身处地从学生角度考虑，给予学生一个广阔的、自由的空间，让学生不受权威的束缚，不受标准答案的束缚，而是产生自己的体验。"以往的课堂教学，往往沉闷于教师中心主义和权威主义的气氛之中，学生被要求'认真听课'，时时担心的是听不懂、跟不上、回答不了，生怕受到老师的批评或指责。"

在古诗词体验教学当中，在学生对古诗词正确理解的基础上，积极鼓励学生有个人的"期待视野"，用自己的情感、经验去体验作品，促进学生创新思维的激活与释放。在这里需要度的把握，让学生各抒己见绝不是"抬杠"，而是让学生对古诗词产生自己的理解，因为大多数的古诗词篇幅较短，诗人在字里行间为读者留下了充分的想象空间。不同人生经历、不同情绪、不同阅读经验的学生在鉴赏诗歌时读出的感受、鉴赏的角度也会有所差别，但是学生努力地自圆其说，将自己的观点表达明确，思维逻辑清晰，而不是极力维护自己的面子而产生偏激的思想，这样的观点教师应当尊重。古诗词体验教学是要在师生平等的基础上强调、交流、对话和引导。在这一过程，学生不应该将教师作为获取知识的工具，而是要积极与教师进行对话，通过自主阅读和交流对话，学生能够展示自己的见解和理解，生成自己的言语智慧，丰富自身的知识结构，提高语言鉴赏能力。在古诗词体验教学中，教师把"引导""启发"留给自己，把"体验""感悟"还给学生，在正确理解古诗词内容的基础之上，让学生不要忘记个体的个性差异和主观体验，注重培养学生的体验、理解、感悟能力。这样的教学不仅可以调动学生的积极性，也可以让学生体会得更加深刻，因为毕竟是通过自己的努力得到的知识，知识当中有自己的看法和体会。

（二）把握意象，再生体验

从意象入手进行教学是因为意象就是一首诗的细胞。意象是具体事物经过作者的想象或情感变化发生了变异，而意境又是由意象的组合构成的。基于上述特点，提出了古诗词体验教学的相关对策。

1.整合意象，展开想象

古诗词体验教学应依据古诗词的特点来开展教学。古诗词的魅力在于其语言艺术及其生动鲜明的意象。面对一个诗歌文本，应该从意象开始，意象是诗词当中最基本的组成部分，在看似普通的意象背后往往有最为深邃奥秘的情意。意象，就是"意"和"象"的矛盾统一体。"象"是看得见的，是客观的；"意"是看不见的，是主观的。在意象中，"意"是潜在的，却是主导的，决定意象的性质。

想要品味古诗词的内在意蕴，就需要从意象入手，将抽象的文字还原为具体的形象，将孤立的事物、场景、人物通过想象整合为多姿多彩的立体画面，填补古诗词当中的空白，以获得审美体验。古诗词通常充满着诗情画意，引导学生在教学中进行思考和想象也是教学重点。现在的中学诗文教学常见的一个通病，就是单纯地、片面地发展学生的知性思维、理性思维、抽象思维，忽视、淡化以联想想象为核心的感性思维、形象思维。

因此，部编本教材中依据文学欣赏的规律让学生在学习古诗词时进行充分地联想和想象。无论是课前预习还是思考探究都要求学生进行想象，十分注重想象和联想在教学中的作用。在课前预习中要求学生想象诗中情景，体会作者情感。在思考探究中除了《闻王昌龄左迁龙标遥有此寄》之外，其他三首诗歌都要求学生进行想象。想象是一种特殊的思维过程，它是指在已有认知的基础上，经过改造、重组，在头脑中创造出不同于之前的认知活动。从心理学的角度来看，想象力是人类特有的把已有的知识和新的信息在头脑中重新组合的能力。

在古诗词教学中，要通过体验来认识古诗词当中的意象，有意识地激发学生的想象、联想能力和创造性思维。一首诗是由多个意象组成的一幅画或者多幅画，学生在阅读诗歌时，先要将各自孤立的意象进行整合，让学生通过自己的想象将固化的语言符号转化为具体可感的立体画面。"几处早莺争暖树，谁家新燕啄春泥"（白居易《钱塘湖春行》），因为是春天刚刚到来，有几处"早莺"在为向阳的"暖树"争着、抢着，歌唱着江南的旖旎春光；不知道谁家的"新燕"从北方回来之后，啄泥衔草、建造新巢。从莺莺燕燕的动态中，把春的活力，大自然从秋冬沉睡中苏醒过来的春意生动地描绘了出来。

"月下飞天镜，云生结海楼"（李白《渡荆门送别》），这一联一共描摹了两幅图画，第一幅是水中映月图，月影投映在江中，形状似圆镜，写出了江水的平静澄澈。第二幅是天边云霞图，云朵层层垒起，犹如海市蜃楼。在教学中，让学生通过种种意象，进行联想和想象，在脑海中描绘出诗中的美景，仿佛身临其境一般。在古诗词体验教学中，也可以用绘画的方式引导学生拓展思维，展开想象的翅膀，感受古诗词中的画面美。黄厚江老师在讲授《白雪歌送武判官归京》这首诗时，他希望学生先用语言来形容这幅图画，接下来用粉笔绘画，画出想象中的诗歌画面，师生共同对"忽如一夜春风来，千树万树梨花开"进行绘画。一方面，通过这种方式吸引学生积极参与；另一方面，也让学生可以深入理解这句诗的内涵。

2.分析意象，走进意境

古诗词虽然言有尽，但是意无穷。意境艺术最忌直接抒发，一旦直接抒发出来，把话说明了，意境就消解了。

古诗词的创作首先是意象的选择，通过鲜明、生动的意象的组合，营造出美妙悠远的意境，深邃隽永，并在字里行间融入了自己真挚的情感，这才是诗人想要在诗歌中表达的。意境是诗的灵魂，往往笼罩并渗透着整首诗，所以要领略古诗之妙，就必须走进诗人营造的意境当中。处于青少年阶段的初中生，经过几年的学习时间，知识面变广，思维能力、想象能力得到提高，再加上阅读了一些文学作品，丰富了自身的知识结构，扩大了审美范围，所以具有欣赏和评价文学作品的能力。这时，学生不仅能够欣赏到作品的语言美和再现内容美，也能欣赏到作品所表现的较深刻的意义内涵或意境美，较准确地把握作品的情感特征。意境的建构并不是将零碎意象进行堆积，而是在分析意象之后，通过意象的升华走进意境。

（三）多种方法，丰富体验

体验的出发点是情感，主体总是从自己的命运与遭遇，从内心的全部情感积累和现在的感受出发，去体验和揭示生命的意蕴；而体验的最后归结点也是情感，体验的结果常常是一种新的更深刻地把握了生命活动的情感的生成。

因此，在古诗词体验教学中情感的生成是主要目的，在教学中应该运用多种方法进行体验，促进情感的生成。

1.自主探究，触发体验

古诗词体验教学善待生命的自主性，让学生在学习中主动进行探究，在自我探究的过程中增强自主性，体验到古诗词当中的作者的情感，体验到生命的力量。学生只有在充分的自主阅读基础上，才能对古诗词产生自己的感受、体验和理解，才能理解古诗词当中的精髓。在自主阅读这一过程当中有思维锻炼，有语感积淀，有情感熏陶。学生的自主阅读过程就是在与诗人进行交流对话。学生进行自主阅读并不是放任自流、让学生远离文本自由发挥，一切的阅读过程都应该建立在文本的基础之上。

自主探究的目的不仅是提高课堂教学的效率，而且还要学生在自主阅读的过程中体会诗歌当中的情感。自主，顾名思义是自己决定，不受别人支配。中学生的注意力稳定性有所增强，随着学生自制力的发展，初中生已经能较长时间稳定地集中注意某项活动和某个内容。

换句话说，学生在自主阅读时可以专注于文本，稳定自己的注意力，调动并发挥丰富的想象力和敏锐的洞察力。在阅读过程中咀嚼文字，反复诵读，体会诗人的情感。文学作品，特别是古诗词，多是作者的抒情感怀之作，古诗词内容大多来源于诗人真实的情感经历，从文学作品的角度来讲，它们源于生活，而又高于生活，这也是让学生在阅读中注重情感把握的重要原因。学生在自主阅读时，会结合自己已有的生活经验去感受古诗词当中作者的情感，产生自己独特的情感体验。

2.加强诵读，生成体验

《课标》当中多次提到诵读，在课程目标与内容中要求"诵读古代诗词"；教学建议中要求"有些诗文应要求学生诵读，以利于丰富积累，增强体验，培养语感"；可以看出，诵读在语文教学尤其是古诗词中的重要性。诵读是古诗词教学的基本策略，诵读就是反复吟诵，自然成诵，尤其对于抒情的古诗词来说，诵读更能体会丰富的内涵。

在古诗词体验教学过程中采用诵读的方法，从根本上来说是为了加强和延长学生对文本情感体验的过程。加强诵读，其一，古诗词讲究韵律，具有很强的音乐性，读起来朗朗上口，能够在学生诵读中目视其文、口发其声、耳闻其音、心通其情。其二，诗无达诂，许多古诗词的意蕴是只可意会，不可言传。所以，古诗词体验教学不能只靠教师干巴巴地讲，体现自己的教学技巧如何精湛，讲解多么精辟，而是要让学生自己进行体验。学生在一遍又一遍地诵读中明晓诗意，体验情感，让诗情画意在声情并茂的诵读中流淌出来，流淌到学生的心灵深处，陶冶学生的思想情操。

诗歌的美感首先要归功于音律，包括节奏和韵律两方面。诗歌当中有规律的停顿形成节奏，声、韵根据一定的规则进行组合形成韵律，如此回环往复，形成一咏三叹的效果。当诗歌的节奏、韵律与诗人要表达的情感协调一致时，诗中的节奏韵律变化就反映了诗人的情绪的起伏变化，或轻松欢快，或急促昂扬，或沉郁舒缓。所以诗歌的音律美绝不是一个纯形式的因素，它是情感内容的有机组成，或是与情感内容不可分割的因素，可以称之为"情感的形式"或"有意味的形式"。

诗歌的节奏韵律变化与作者的情感变化是息息相关的，初中生可以通过诵读古诗词的方法，不仅可以记忆古诗词，还可以在读的过程中感受到诗歌富有节奏感的韵律。

古诗词的诵读应注重整体性和节奏性。诗歌起源于劳动，诗歌的节奏也起源于劳动中的节奏。汉语中的每个字都有自己的声调，即阴平、阳平、上声、去声，对应到古诗词的平仄当中，阴平、阳平都是平声，上声、去声都是仄声。将不同的字进行排列组合，平仄交错，节奏鲜明，合成动听的乐章。

（四）多维评价，提升体验

古诗词体验教学应当注重培养学生的个体经验的生成、个体的发展，关注学生的个体差异性，从而促进学生的全面发展。因此，在教学评价方面应该采取多种方式、多种角度来对学生进行评价，使评价结果更加客观。

1.评价方式多样化

对于古诗词的教学评价，一般采用终结性评价，即在月考、期末考试中进行考查，然后对学生的成绩进行分析，进而改进教学方式。但是由于中考考查古诗词，多是背诵默写的方式，因此在日常的学校考试中也多以这种方式来测验学生。这种评价方式对于古诗词来说是片面的，所评价的内容也只是在识记能力，而对逻辑分析能力、表现能力、感知能力却无法进行评价，对于教师教授的内容和学生的学习方式也囿于一种固定的模式之中，很难发挥古诗词教学的价值。新课程改革已经由过去注重"双基"和"学科能力"目标落实的评价，向既注重"双基"和"能力"的形成，也注重学生在学习过程中情感态度的发展转变的评价。

新课程改革制定了三维教学目标，教学评价体系也围绕这三个维度进行建构，体验教学是为了实现学生在丰富自身知识结构的过程当中，激发内在的潜能，从而提升生命体验。

形成性评价，也称为发展性评价或过程性评价，是为了调节和改进教学活动而开展的评价活动。教师可以通过评价结果判断学生的学习情况与自己的教学质量，发现教学过程中的不足之处，进而调整自己的教学目标和教学内容，积极改善教学方法，促进古诗词教学效果的最优化。过程性评价既注重标准又注意过程，不试图用过于刻板的标准来衡量所有学生。

古诗词体验教学，注重教学过程中的生成，即学生是否有新的情感体验。学生是不断变化的，体验的结果也是在变化的，教师在教学中应该依据学生的变化来调整自己的教学。

终结性评价侧重于学习结果并对教学活动进行总结性的评价；形成性评价侧重于学生的学习过程，对教师的教学活动及时做出评价，有利于改进教学活动。因此，在古诗词体验教学中既要重视终结性评价，也要注重形成性评价。教师在古诗词体验教学中可以采用"成长档案袋""诗词大赛"等方式来创新教学评价方式。此外，还要坚持定性评价和定量评价相结合，多角度反映学生古诗词学习的状态和水平。

2.评价主体多元化

在课堂上，学生的发言是否得到老师的赞许、同学的掌声，或者引起争论，或者不被关注，这些对于课堂会产生积极或者消极的影响。

因此，教学评价不是教师的特权，而是由教师和学生共同参与的活动。根据评价主体可分为他人和自己，他人可以是学生互评和教师评价，自己就是学生自评。

教师评价是比较常见的评价方式。教师在评价过程中要遵循客观、公平、公正的原则。学生在教学中是否产生自己的理解？学生能否理解作者的情感？这都是教师需要评价的内容。但是，教师评价并不是让教师用一个标准答案来衡量所有学生。因为体验教学毕竟是要结合自己已有的经验、经历，不同的学生有不同的生命体验，因此教师评价应该考虑到学生的差异性。

学生互评是让学生在评价之中能够吸取他人优点。古诗词体验教学要求学生产生自己的感受。每个人已有的生活经历、生活经验都是不同的，在学生互相评价中，学生可以发现别人身上的闪光点，从而改进自身的不足；发现其他人更好的思维方式，虚心向他人学习。

自评又分为内隐性和外隐性。内隐性的评价是通过内部的思想反省、检讨、总结等形式体现的，并没有体现在具体的语言或文字上，这种评价不能够被及时观察到，通常通过自我的行为改善或之后的自我表述得以体现；外显性的自评通常是通过自我评分和鉴定等体现。

在古诗词体验教学中，学生发生的变化多为内隐性的，因此学生对于自身的学习状况是最了解的。在日常学习过程当中，自己是否真正理解教师讲授的内容，是否能在古诗词教学过程中产生自己的理解、感受。日本教育评价专家田中耕治认为："只有使'外部评价'蕴含于'内部评价'，使'内在评价'与'外部评价'相对照，才能形成准确的自我评价能力。"学生的自我评价、学生与学生之间的互相评价以及教师的客观评价，可以反映学生日常古诗词学习的情况，帮助学生找到自己的不足，从而促进古诗词的学习效果，提升个体生命体验过程。

第三节　合理利用教学资源

一、利用课内资源，深入解读文本

（一）知人论世，研读教材

教材是最重要的课程资源，是知识的载体，教材的编写人员都是在语文领域具有权威的专业型人员，所以，开发课程资源应该首先利用教材中的教学资源。初中语文教材中收录的古诗词都是经过历史的打磨，是教材编者们层层筛选呈现出来的，具有极高的教学价值，因此，教师应立足文本，深入解读。

深入解读文本，首先就要做到知人论世。前者就是要做到了解和研究作者，包括了解其生平、背景以及生活经历等。后者就是把作者以及作者的作品放到所处的时代背景中，了解写作背景以及他们所处的社会环境，有助于更好地把握作品的思想感情，只有正确把握作者情感才能全面正确的了解作品。因此，在教学过程中，教师要充分利用教材和教学参考书，深入了解作者，使学生更好地把握古诗词内容。

（二）开发教师资源

教师是教学的重要资源，发挥教师自身优势。长久以来，教师一直是教学资源的利用者，新课程标准指出，教师必须具备较高的综合素质，如开阔的眼界，娴熟的课堂驾驭技巧等。物质形式的教学资源都具有相对的被动性，它们价值的发挥最终取决于教师的利用水平。教师的学识、人格、教学方式等，都是教学资源，无声无息地影响着学生的发展。语文教师本身就含有丰富的知识资源和情感资源，如在教学《使至塞上》这首诗时，教师可以利用自身的知识积累和经历，用丰富的情感感染学生，帮助学生代入情感。教师充满激情的教学能够激发学生的情感，古诗词不同于其他问题，它的情感丰富，有时甚至难以把握，语文教师的一举一动都可以表达自己以及传达作者的情感，怀才不遇的悲愤，思乡念国的凄凉，漂泊流亡的孤苦，隐居田园的淡泊等，教师富有情感的声音容易激发学生的情感。学生固然重要，但教师是学生的领路者，教师将自己看作一种资源并有效利用，课堂就能充满光彩与活力。

教师要有资源利用的意识，对在课堂上学生呈现出来的一些出乎意料的、新奇的想法甚至是一些错误的思路，教师都要合理巧妙地加以利用，让这些课堂生成的因素成为教学中不可或缺的教学资源，成为学生学习过程中的推动力，发展学生的思维能力。学生的思维得到发展，教师的教学就是成功的、有效的教学。

二、整合课外资源，加深情感体验

（一）开发网络资源

在学习古诗词过程中，教师可以选择一些优秀诗词节目，如《中国诗词大会》以及《朗读者》中的一些经典作品诵读。这些节目的热播，在中学生中引起了很大的反响，参加节目的很多都是中学生，其中的古诗词大部分出自初高中教材，学生理解起来难度不大。学生在看节目的过程中会学到很多古诗词中的知识，扩大了学习范围。另外，在这样的氛围中，学生也会以优秀的选手为榜样，以此激励自己认真学习古诗词。

除此之外，还可以给学生播放一些根据古诗词改编的影视作品或歌曲，也是一种有效的教学策略。例如，苏轼的《水调歌头》加入王菲的天籁之音更能让学生体会作者表达的美好祝愿。再如，毛宁的《涛声依旧》就是化用《枫桥夜泊》，只用了几处意象"枫桥""钟声""月落乌啼"加上久别重逢和旧船票的合理想象，重新构造出一个全新的故事，仍然感人至深。教师通过这种方式让学生参与进来，取得了良好的教学效果。

（二）增加阅读量，比较阅读

教材中古诗词的数量不能满足学生的需求，必须让学生在课外得到补充。教师要激发学生课外阅读古诗词兴趣，增加古诗词阅读量，初中阶段的学生已经具备了一定的阅读和鉴赏能力，在教学中，教会学生使用比较阅读的方法，引导学生比较阅读，发展学生思维。这种阅读不但增加了教学内容，也有利于提高学生课外阅读兴趣，养成良好的阅读习惯。

古诗词教学由课内延伸到课外，教师可以引导学生通过专题研究增加一定的课外阅读量，推荐学生阅读一些名家鉴赏古诗词的文章，让学生走进经典，走进名家大师，感受他们的学识，能开阔视野，提升自我。同时也可以引导学生深入研究名人传记，走进作者的精神世界，体会时代变迁，生活遭际在作品中的折射，从而更深刻地了解作品中蕴含的人生哲理。学生通过阅读，不仅丰富知识储备，而且得到了很多的人生启示，得到了这样的发展可以说是古诗词的有效教学。

第四章 初中语文古诗词教学中学生审美能力的培养

第一节　初中语文古诗词教学中的审美教育和审美能力概述

一、审美教育在初中语文诗词教学中的意义

语文审美教育是借助语文教材及语文美育活动中客观存在的美的因素，教育学生怎样感知、理解、鉴赏、评价美，进行美的创造，陶冶学生的情感，形成他们正确的审美观点、高尚的审美情趣、健全的审美能力和崇高的审美理想。美育是整个教育体系中不可缺少的部分，学会审美是学生语文素养的综合体现，也是语文学科重要的教育内容。因此，要提升语文诗词教学的质量，教师必须改变传统的语文诗词教学观念，注重语文课堂的审美教育。

（一）初中语文诗词教学中审美教育的必要性

《义务教育语文课程标准》倡导语文课程还应重视提高学生的品德修养和审美情趣，使他们逐步形成良好的个性和健全的人格，促进德、智、体、美的和谐发展。因此，语文教学必须注重审美教育，这有利于教师创造性地开展教学活动，激发学生学习兴趣，培养学生的审美能力，促进学生形成正确的价值观和积极的人生态度。

（二）审美教育在初中语文诗词教学中的重要意义

语文诗词教学是人文教育，在培养学生个性，陶冶学生情操，健全学生人格方面发挥着主要作用。语文诗词教学更是一门艺术，而艺术的精髓在于美。具有教学艺术的教，不会使学生感到学习和听课是一种负担，而觉得是一种不可多得的美的享受。中国古人讲的"腹有诗书气自华""知书达理"，也是强调审美教育对个人成长的重要作用。学生的心灵如果缺

乏审美的清泉浸润和美化，就不可能成为现代社会要求的高素质全面发展的人。

二、初中语文审美教育的特点

初中语文诗词教学中的审美教育，贯穿于整个中学语文诗词教学阶段。审美教育不同于语文思想教育的政治性和语文知识教育的程序性，审美教育具有情感性、形象性和愉悦性的特点。

（一）情感性

审美教育的情感性，就是以情动人。情感是人类文明独有的标志，也是人们相互交流的基础，情感对于文学作品而言，就是文学作品的生命。初中学生正处于情感萌芽时期，最容易被真挚的情感打动。因此，初中教材里很多文质兼美的课文，往往都渗透了作者强烈的思想感情。以情动人，就是教师把课文中强烈的思想感情通过饱含深情的语言传授给学生，以引起学生情感上的共鸣。

（二）形象性

审美教育的形象性，即以形感人。审美离不开具体的形象，初中学生的接受能力，要从具体的形象开始。苏霍姆林斯基说过："教师应努力使儿童的思维过程在生动的、形象的、表象的基础上来进行。"[①] 初中语文教材中，通过大量的篇幅，具体塑造了许多个性鲜明的人物形象和描绘了很多优美的自然景物，阅读这些优美的文字，会让人有一种身临其境，美不胜收的感受。这就是通过具体的形象，让人获得的审美体验。

（三）愉悦性

审美教育的愉悦性，即以美悦人。欣赏美，是一件使人身心愉悦的事情。在语文诗词教学中，教师引领学生进入作品的优美意境，让学生在欣赏课文的过程中，通过想象和联想，再现美的意象，感受美带来的身心愉悦。

---

① 蒋朝军 . 在语文教学中培养学生的审美能力 [J]. 语文教学之友 ,2013(07):7-8.

三、初中学生审美能力的定义

审美能力，也就是人们对艺术的鉴赏能力。具体是指人感受美、鉴赏美、评价美和创造美的能力。审美能力不是与生俱来的，是人类在接触社会的过程中后天培养的。它是人们在社会中相互学习、训练、实践、思维能力、艺术素养的基础上形成与发展，以个人主观欣赏的形式表现出来的，对客观世界的美的认识、评价和再创造。卢梭曾说过："只要有热心和才能，就能养成一种审美的能力，有了审美的能力，一个人的心灵就能在不知不觉中接受各种美的观念，并且最后接受同美的观念相联系的道德观念。"由此可见，审美能力不但和学生的能力水平相关，而且对学生的道德观念也有一定的影响。

语文诗词教学中的审美能力，是指在语文课堂中，学生在教师的引领下，依据课本中蕴含的各种审美因素，通过美读等相关的课堂教学方式，受到正确的审美教育，并形成鉴赏、评价和创造美的能力。审美能力是后天培养的，发展审美能力，是语文审美教育的重要任务。

四、初中学生审美能力的特点

初中学生的审美能力，是指学生在教师的引领和指导下深读文本，通过有感情地朗读、想象和联想、观看视频、课本剧表演等课堂教学方式，在习得必要知识的同时，受到正确的审美观教育，继而形成自我的、独特的感受美、鉴赏美、评价美和创造美的能力。它是初中学生必备的能力，有利于初中生形成正确的世界观、价值观和道德观。因此，培养初中学生的审美能力，是初中语文审美教育的重要任务。

在语文审美教育中，学生的审美能力是个比较宏观宽泛的概念，具体可分为审美感受能力、审美鉴赏能力、审美想象能力和审美创造能力。

（一）审美感受能力

是指学生在教师的指导下，在阅读和欣赏文学作品的过程中，自我感受作品字里行间蕴含的情感与美感的感知能力。这是培养审美能力的前提，在此基础上发展审美鉴赏、想象和创造能力。

（二）审美鉴赏能力

是指对审美客体的评价能力。学生在大量地阅读文学作品的时候，会自觉地对相似或相近的文学作品的内容和形象进行感知，并在感知的基础上进行比较分析评价，从而培养审美鉴赏的能力。

（三）审美想象能力

是审美教育的重点，也是审美活动的灵魂。因为在初中的语文诗词教学中，有很多文质兼美的文章，都是通过文字的形式呈现在学生面前，缺少直观的画面。学生在教师的讲解和启发下，要能动地发挥想象和联想能力，才能体会课文中的美感。

（四）审美创造能力

是在学生掌握审美感受、鉴赏、想象能力后的终极目标。课文其实只是一个例子，学以致用才是关键。培养学生的审美创造能力，发展学生的创造性思维，开发学生的创造潜能，能提高学生的写作水平，再结合语文的知识和技能的学习，最终使审美能力获得飞跃式的提升，达到提高学生语文素养的目的。

五、培养学生审美能力的重要性

（一）是国家精神文化发展的需要

习近平同志在十九大报告中指出，我国社会主要矛盾已经转化为人民日益增长的美好生活需要和不平衡不充分的发展之间的矛盾。现今的我们身处于一个文明富强的美好时代，在党和国家的带领下，我们的生活发生了翻天覆地的变化。在物质文明得到提高后，我们对生活的要求不仅只是停留在单纯的物质追求层面，我们更需要精神文明的发展，而精神文明的发展也包括审美教育的发展。审美教育作为一种情感、态度和价值观的教育，不仅能提高人们对事物的感悟鉴赏能力，使人具有健康的价值取向，还能提高生活品质，满足人们的精神需求，是我们国家能够长久发展、中华民族优秀文化得以传承的基础，是当今时代必需的教育。在审美教育中，审美能力作为其重要的组成部分，是感受美、鉴赏美、评价美和创造美等能力的体现，是实现审美教育的重要保障。因此，在审美教育中培养审美能力就显得尤为重要。但是，一个人的审美能力不是与生俱来的，来源于他所接受的审美教育，而对个人进行审美教育的最佳时机就是在其求学阶段。语文诗词教学作为我们的母语学科，担负着在初中语文审美教育中培养学生审美能力，提高学生审美素养的重要使命。

（二）是语文课程标准的重要目标

在语文审美教育这个问题上，伟大的教育家叶圣陶指出，语文最重要的教学目标就是培养学生的审美能力。学生只有具备了审美能力，他的思想、情感和意志才会更好。教育家蔡元培也认为只要在学校范围内，学校所有的课程都与美育有必然的关系，而语文课是与美育关系最密切的课程之一。另外，《义务教育语文课程标准》课程总体目标与内容的第一点就是："在语文学习过程中，培养爱国主义、集体主义、社会主义思想道德和健康审美情趣，发展个性。"从上述的文字可以看出，无论是教育家的思想还是课程标准里的目标内容，都强调了语文课程必须担负审美教育的任务，培养学生的审美能力，提高学生的审美素养，体现了在初中语文审美教育要培养学生审美能力的重要性。

（三）是学生生命成长的审美需求

事实上，培养学生的审美能力不仅是国家精神文化发展的需要，也是语文课程标准里的重要目标，更是学生个体生命成长的审美需求。文艺理论家童庆炳先生指出："更深层次的美育是通过语文诗词教学培养学生敏锐的感知力、丰富的情感力、独特的想象力和深刻的理解力。这四者构成一个人的基本素质。"因此，学生作为社会中的一员，不可能孤立地存在，真空地生活，必然要和社会上的种种事物产生各种各样的接触，然后受到这些事物的感染和影响。但是，社会中的事物不仅有真善美，也有假丑恶，涉世未深的学生应该怎样去应对评价和选择呢？这就需要学生们拥有正确的审美观点和独立的审美能力，而个人的审美能力的培养又来源于他所接受的审美教育，在这种情况下，语文作为一门综合性的学科，它对培养学生审美能力的优越性和影响力就显现出来了。因为生活处处有语文，语文学科具有自身的人文性和感染力，教师通过对文章的讲解和鉴赏，在培养学生语文能力的同时，引导学生内化文章中美的要素，激发和培养学生对美好事物的敏锐的感知、独特的思想和丰富的情感，继而形成自己独立的审美能力和独特的审美观，提高个人的基本素质，满足学生个体生命成长的审美需求。

第二节　语文古诗词教学中学生审美能力培养现状

一、教师对学生审美能力的培养不够重视

审美教育贯穿于学生从小学到高中甚至大学的整个学习生涯，是一项时间跨度大、讲求系统性的教育。审美能力的培养并不像教会学生识字造句那么简单，也不像要求学生背诵一首古诗那么容易，教会学生识字造句或背诵古诗，分数的提高是显而易见的，但审美能力的培养和审美教育的效果却不能立竿见影。现在的学校追求名声，而家长追求子女的成绩，所以对学校和教师的期望和评价都比较单一，基本上是以升学率作为标准，在分数的问题上，学校和家长的立场和目的都是一致的。因此，在应试教育这个大环境下，教师们都忽视了素质教育，当然也包括审美教育。大部分教师把学生的分数当成教育的目标，只看重学生的成绩，重视学生应试能力的培养，造成绝大部分学生"高分低能"的现象。初中阶段是学生心理和生理快速发展的时期，也是进行审美教育，培养学生审美能力的重要时期，但语文教师往往没有重视这个关键时期，并且认为审美教育不属于语文课堂教学内容中的范畴，因此没有将审美教育渗透在课堂教学中，就更不用说教师对学生审美能力的培养。教和学是相互的，由于教师在教学中没有重视审美教育，导致学生对审美教育的观念缺乏认识，对审美教育缺乏认同，培养学生审美能力的能动性也就无从谈起了。

二、教师对审美教育的目标不够明确

教育目标明确清晰，教学行动和方向才能有针对性和成效。教师如果目标不明确，教学缺乏计划性和程序性，那教育目标也就无从检测。审美教育和其他课程教育一样，是一种系统性的教育，要让学生懂得欣赏美，进而培养学生的审美能力，就需要教师在日常的备课和课堂教学中循序渐

进地渗透审美意识和教导审美方法。教师可以在备课时把审美教育列入教学目标中，制订详细的教学计划，让学生在掌握本课知识的同时，也能接受美的熏陶和培养审美能力，长此以往，学生的审美能力肯定会有所提高。但现实情况是大多数语文教师都没有明确的审美教育目标，只有坚定的知识教学目标，教学流程通常都是按照初读文本、整体感知、研讨探究、总结文本这几个步骤进行，教师对字词句段篇的精细讲解过程，导致了很多文质兼美的课文被拆解得支离破碎，在重视知识技能训练的同时忽略了课文里蕴含的审美意蕴。由于教师没有把审美教育放在常规课程的教学目标之中，审美教育方式带有很大的随机性，在文章讲解时往往是蜻蜓点水似的一带而过，或者是教师想到什么就说什么，学生没有形成系统的审美观，因此无法进行个体的审美活动，教师也无法检测学生是否掌握了审美能力。

三、教师缺乏培养学生审美能力的方法

作为一名教师，要想给学生一滴水，老师先要有一桶水。这句话的内涵浅显易懂，道出了一名教师的业务水平对传授学生知识、培养学生能力有着直接的影响。一直以来，由于应试教育的巨大影响，学校几乎都把升学率作为衡量教师能力高低的唯一标准，导致教师们也几乎都把分数当成衡量学生能力高低的唯一标准，从而形成了考试考什么，教师就教什么，教师教什么，考试就考什么的功利教育观。杨东平先生也曾这样说："语文教学的种种问题，一言以蔽之，是人文价值、人文底蕴的流失。将充满人情人性之美，最具趣味的语文变成枯燥乏味的技艺之学、知识之学，乃至变成一种应试训练。"因此，相对文化知识而言，审美教育耗时长、收效小，很多教师都不愿意在课堂上对此进行专门的讲解，因此也没有把审美教育作为常规的教育目标。久而久之，造成教师自己对审美教育的理论知识生疏，对审美教育的相关概念一知半解，自然就缺乏培养学生审美的能力的方法。初中生的自学能力还比较有限，学生大部分的文化知识和学习能力都是依靠教师的传授和启发，当教师缺乏培养学生审美能力的方法时，审美教育也就停滞不前了。

四、初中学生审美能力薄弱

《义务教育语文课程标准》指出："阅读是运用语言文字获取信息、认

识世界、发展思维、获得审美体验的重要途径。阅读教学是学生、教师、教科书编者、文本之间对话的过程。"同时，教育心理学通过研究发现，阅读过程中伴随有动机、兴趣、情感、意志和性格等多方面的活动。这里面提到的动机、兴趣和情感等，也与审美有一定的关联。因此，在强调学生是学习主体的当下，在初中语文教学中，要使学生获得语文知识能力的同时培养学生的审美能力，除了依靠教师对文本的解读分析和潜移默化的影响以外，学生的自主阅读对审美能力的提升也是至关重要的。

　　作为教师，都知道学生只有经过大量的阅读和长时间的内化，审美能力才有可能得到提升。但是在课堂教学时间里，教师更注重的是学生对文本的精确理解和背诵等，学生对文本的审美体验时间几乎为零。教师在解读文本时没有把审美教育列为教学目标之一，在布置作业的时候，也不会从审美的角度去让学生思考解答。学生在课后的自主阅读中，由于没有形成以审美的思维和角度去理解文本，缺少审美联想，所以也很少会带着欣赏美的眼光去阅读，甚至有些学生还可能用功利的心态去阅读，用解题的思维去阅读，这样的阅读，只是为了完成阅读任务，是没有审美可言的。长此以往，学生在课堂课后的阅读中都没有时间和机会接受审美教育，也没有审美动机、审美兴趣和审美情感，那么，审美能力也必然薄弱了。

五、审美教育的评价体系不够完善

　　评价是课程实施的一个重要环节，是指主体根据一定的评价标准对客体的价值做出判断的活动。教育评价是对教育目标和它的优缺点与价值判断的过程，目的在于促进教育改革提高教育质量。根据这个教育评价的定义可知，审美教育的评价也是对美育教学目标的检查、诊断和反馈，目的在于考查学生实现美育教学目标的程度，从而更好地促进审美教育的发展，提高学生的审美素养，培养全面发展的人才。

　　目前为止，初中语文审美教育的评价不像写作评价那么受人重视，制定多种明细的标准，可以对照各种标准进行评价；也不像口语交际评价那么及时，可以在具体的交际情境中进行，考查学生真实的口语交际水平；更不像识字与写字评价那么简单直接，可以进行量化考试。关于审美教育的评价，目前只能和阅读评价联系在一起，例如在《义务教育语文课程标准》中提到关于阅读的评价，建议要综合考查学生阅读过程中的感受、体验和理解，要关注其阅读兴趣与价值取向、阅读方法与习惯，重视对学生多角度、有创意阅读的评价。对于初中的学生，可通过考查学生对形象、情感、语言的领悟程度，以及自己的体验，来评价学生初步鉴赏文学作品的水平。从这些评价建议中可以看出由于审美教育本身的内隐性和个性化导致审美教育评价没有一个具体的评价指导标准，这也是因为教育工作者大多重视应试教育，追捧分数至上的语文教育观，对审美教育评价的研究不足，没有设定具体的评价项目和评价目标，有时即使已经做出的理论构想也往往流于形式，评价缺乏实践检验，更加缺乏有效的、多样的、评价方法，最终导致审美教育的评价体系不够完善。

第三节　培养初中学生审美能力的方法

一、展开联想，鉴赏诗词的意境美

意境是中国古典诗词一个重要的审美特征，它的精妙之处在于"全在意境融彻，真音声之外"，他不是物象的简单组合，而是诗人对现实生活的一次艺术加工，在诗中，一花一草，一景一人都渗透着诗人的审美情感，温庭筠《商山早行》中"因思杜陵梦，凫雁满回塘"中的"凫雁"不仅仅是野鸭的代名词，更是诗人浓浓乡愁的载体；李清照《醉花阴》里的"薄雾浓云愁永昼"里的"雾"和"云"也不仅仅是一种自然天气，更是诗人无法排解的相思和百无聊赖。所谓"登山则情满于山，观海则意溢于海"，诗词中的形象是生动鲜明的，是借助客观物象（山川草木等）表现出来的主观感情形象（意象）。品读诗词，不能仅仅关注诗词所描绘的客观景象，还要看到这些客观景象后面诗人所融入的情感。使主体产生审美想象，进入"神思"领域，达到"神与物游"的境界。要达到这个目的，非联想、想象不能领悟其意境、意趣。因此，在诗词教学中，必须要引导学生们充分发挥联想力、想象力，借助于想象，进入诗的艺术世界之中，使诗词的形象在学生的脑海中活起来，使读者的感情与诗人的感情产生强烈共鸣，与诗中的意象交融为一体。"千山鸟飞绝，万径人踪灭。孤舟蓑笠翁，独钓寒江雪。"读者只有放眼广袤的天地，想象漫天飘雪、千山皆白的寥廓凄清的背景烘托下的一叶孤舟、一竿鱼钓和一孤苦老头，才能走进一个在宦海中虽几遭打击几度浮沉仍痴守节操、孤寂愤怒的灵魂深处，实现跨越千年的灵魂对话。在诗词教学中，只有积极调动学生丰富的想象力，进行无穷的联想和想象，墨色的文字才能幻变为具体可感的画面，在学生的脑海中活起来，只有想象学生才能走进诗人心灵深处，融入诗人的情感世界中，体会诗词意境美的真谛。

创设情境，开启学生想象的大门，感受诗词的意境美。中国古典诗词讲究含蓄内敛之美，追求"言有尽而意无穷"的艺术效果，加上古典诗词距今年代久远，如果老师在一上课的时候就急于讲授，漠视学生的情感投入，则会使一首首充满灵性的古典诗词变得索然无味，要落实有效的诗词审美教学，激发学生的想象力和美的、愉悦的审美冲动，关键是启发学生的学习兴趣，调动学生以审美主体的身份参与到审美活动中去。教师要做的是想方设法调动学生情感的琴弦，启发学生的想象力，因此，在一节课的开始就调动学生的情绪，激发学生学习的兴趣，将他们的注意力从课间的游散状态迅速转入一场精神的洗礼中去显得非常重要。

用文字、图画描绘诗词的画面美。别林斯基说："诗词最不能容忍无形态的，光秃秃的抽象概念必须体现在生动而美妙的形象中。思想渗透于形象，如同光亮渗透多面体的水晶一样。"[①] 这正是中国传统文人学子所追求的语言艺术，中国古典诗词，往往通过借景抒情、托物言志的手法来含蓄地表达诗人内在的情感，而这些"景"和"物"一经诗人摄入笔端，就必然熔铸了诗人的主观情感，变成浸透着主观意愿的"意象"。要使读者在品读这些诗词时脑海中再现那一刻的画面，感受诗人笔下的那份意境，一定要调动学生想象的世界，调动学生的想象力，老师在教学的过程可以使用多样的形式，比如用画画的形式引导学生是一个很不错的方法。中国传统艺术观念强调的是"诗画一体"讲求诗中有画，画中有诗，使诗词具有浓郁的画意美，用宗白华的话来说，诗词是用绘画的文字来表达人的情绪中的意境。诗凭借文字的形式，描绘出一幅幅图画来。学生要神游于意境中，先要在脑海中勾勒出文字所传递出来的画面之美。例如王维《使至塞上》中"大漠孤烟直，长河落日圆"一句，从诗的字句看，似乎语不惊奇，朴实无华，一不小心，学生可能就只是觉得这里仅仅描绘了沙漠、狼烟、黄河、落日这四样事物而已，完全忽略了其中所构建的画面之美，这时，老师可引导学生闭上眼睛，想象自己身处落日黄昏的沙漠之上，目睹大河孤烟的意境情景，学生才能感受塞外风光奇特壮美、才能感受沙漠的浩瀚，落日黄昏的孤寂和苍凉，才能在答题的时候用文字将一幅苍凉的大漠之景象淋漓尽致地描绘出来。又如，在讲孟浩然《过故人庄》"故人

---

① 张娟.情境教学在小学语文古诗词教学中的应用 [J].教育实践与研究 (A),2018(12):15-16.

具鸡黍，邀我至田家。绿树村边合，青山郭外斜。开轩面场圃，把酒话桑麻。待到重阳日，还来就菊花"的时候，老师可以引导学生想象：青色的山脚下、绿树葱茏，一房简朴而温馨的茅舍，开阔的晒场上晒着丰收的粮食，茅屋的主人淳朴而热情，招待远道而来的客人。当这么一幅洋溢着淳朴、温馨的画面浮现在我们脑海的时候，不用老师的讲解，不用语言的补充，诗人的喜悦之情、农家主人的淳朴好客就能涌现在学生的心头，诗词所传递的美早就心领神会了。

感受诗词意境美，教师还得鼓励学生代入角色，把自己想象成诗人，感受诗人写诗时的心情，借诗人的心感受意境之美。"一切景语皆情语"，诗词中所描绘的事物早已不是客观的存在，它早已经被世人的情感所浸染，如八年级里陈与义的《登岳阳楼》里的"洞庭之东江水西，帘旌不动夕阳迟"一句，如果仅从画面看，这描绘出了一幅静谧的夕阳入山图，可是如果联系作者所经历的国破家亡，颠沛流离的逃难生活来看，这里的夕阳入山图就显得惨淡、孤寂、落寞，可以想象这位年老力衰，救国无望，自身颠沛的诗人此时的落魄、无奈的悲情。如果学生能代入角色，与诗人同感同受，必能更真切感受这诗中的意境之美，独特之美。

二、发挥想象，意会诗词的留白美

留白，顾名思义，就是作者在作品中留下相应的空白。它本是传统中国画创作中一种表现手法，指在绘画创作中留下空白之处，使作品体现在方寸之间凸显天地之宽，在黑白之间容纳情怀之深的美的效果。中国古典诗词与绘画自古以来密不可分，素来有"诗中有画，画中有诗"的说法。故而，中国传统诗词也有留白，省去冗杂平白的离愁闺怨、虚化缥缈不定的俗景陈境，诗人把景与情交融赋寓，通过虚实结合、无中生有，用意境之中的广阔空白来容纳诗人的情感，这是诗人留给读者的快乐源泉和无尽的想象空间。相对于诗人一个人思维的局限，广泛读诗人的存在给诗词思维、情感的引申带来了更多的空间，更阔的余地，更深的哲思。留白不仅仅体现出了一种余韵之美、句律之精，也是中国诗人的一种智慧所在，这符合我国的千年儒家思想对于一个士的要求，也是我们的一种民族精神，所以说留白不仅仅是中国古代诗词的精髓，也是我们古人的智慧体现。它将给学生的探索和想象提供驰骋的领地。有的老师在进行诗词教学的过程，唯恐学生不能理解，往往自作主张地将自己个人的理解强加给学生，殊不知，正是这种"好心"，在扼杀了诗词留白之美妙的同时更勒紧了学生思想驰骋的缰绳。诗词的解读无法由他人替代，而必须由读者亲自去感悟和体会，对诗词留白的解读更是如此，正如"一千个读者就有一千个哈姆雷特"，诗词的品读也亦然。比如说，中学语文课本中留白的代表作品之一的岑参《白雪歌送武判官归京》中最后两句："山回路转不见君，雪上空留马行处。"在这风雪漫天的傍晚，诗人目睹友人渐行渐远，直至消失于眼前，看着那串友人所留下的马蹄印，诗人的心情是怎样的？是落寞，是孤寂，是对友人的担忧还对故里之思……而远去的友人这一程风雪之路平安与否，离别归家之情是不舍还是喜悦……这一切，都留待读者去想象，想象的结果是无穷的，也正是这没有结果的结果才将留白之美推向了极致。教师在教学过程，可以鼓励学生大胆地想象，教师可引导学生以续写结尾、补写人物心理等不同方式进行补白，做笔头训练，使学生感受留白之美之余也提高应对中考诗词赏析这一考点的能力。

三、知人论世，解读诗词的情志美

情志，即指人的喜、怒、忧、思、悲、惊、恐等情绪。《尚书·尧典》里有"诗言志"的说法，"言"即说，吐露表达；"志"即情志，人们内心的志向、情感，即思想感情。意思是说：诗是用来表达人们的情志的，是诗人内心情感的表现。它是诗人写作的目的，是学生在鉴赏诗词时所要掌握的中心，只有把握了诗词的中心思想，学生才能感受诗人的情感，从而了解诗人的人格魅力。

在诗词教学过程中要让孩子感受诗人在作品中所表现出来的情志之美，教师不能抛开作者本身的经历而谈作品，这就要求我们在教学生进行诗词鉴赏时做到知人论世。

古人语"诗如其人，不可不慎"，强调了诗与作者的紧密关系。孟子说的："颂其诗，读其书，不知其人可乎？是以论其世也。"清代的章学诚在《文史通义·文德》说的"不知古人之世，不可妄论古人之文辞也。知其世矣，不知古人之身处，亦不可以遽论其文也。"强调诗人的创作和他自身以及他所处的时代之间密不可分的关系，也说明作为读者要真正读懂古典诗词，深入理解诗词文字背后的思想，感受诗词的美，知人论世必不可少。

　　所谓"知人"就是了解诗人，包括了解他的成长环境、生活经历、个性气质、文化修养，诗词的创造背景等。这是因为诗词所表现的，往往不是现实的客观存在，而是诗人对生活的能动的反应，是诗人心灵的映照，在创作的过程中，诗人的喜怒哀乐、伤春悲秋、思乡怀远、离愁别绪等的感情都必然在自觉和不自觉中渗透到艺术形象和艺术意境之内，只有了解诗人才能更好地了解诗词。为此，在每进行一首诗词赏析之前，教师总是布置学生先查阅、整理关于诗人以及诗词创造背景的相关材料，为学生鉴赏诗词情志美做好准备。如李白的《行路难》，此诗所表达的诗人的感情是复杂的，有惘然、有失望、有自我安慰，以及最后的自信乐观。种种不同的矛盾的心理扑面而来，诗人曾一度迷惘和绝望，却最终以自信乐观结束全诗。这里的多变的情感，如果没有学生课前对诗人遭遇的了解，学生根本不可能理解到诗人"拔剑四顾心茫然"（李白《行路难·其一》）的惘然无措、"欲渡黄河冰塞川，将登太行雪满山。"（李白《行路难·其一》）的无奈愤慨以及"长风破浪会有时，直挂云帆济沧海。"（李白《行路难·其一》）的乐观。如果不能理解这一切，学生又谈何感受诗人在百般受挫之下仍然保留的自信、乐观的情志之美呢！了解诗人的身世，了解他的成长与遭遇，才能更深入地审视诗词所蕴含的情志美，了解文天祥被困囚牢，面对名利的诱惑依然喊出"人生自古谁无死，留取丹心照汗青"（文天祥《过零丁洋》）的明志之句，才更能彰显其人格的高贵；了解陆游一生忠心不二的爱国情怀，了解他空有一腔报国之志却无法实现的人生，才能感受到这位年老力衰、孤独躺在荒凉的乡村的老人在回想如烟的往事时的感慨和悲痛；了解了张养浩一生的波折，了解他在官场上的跌宕起伏，了解他忧国忧民的良知，才能理解一个文弱的书生怎敢在高压的封建时代高喊"兴，百姓苦；亡，百姓苦。"（张养浩的《山坡羊·潼关怀古》）的真理……透过文字，读懂诗人；通过诗人，读透古诗，审视诗词中的情志之美。

　　除了"知人"，在鉴赏诗词情志美中，"论世"也很重要。所谓"论世"，就是了解诗人所生活的时代。将诗词放到诗人生活的那个大环境中去，联系当时的社会背景，联系当时的历史文化，民风世俗等状况进行分析。"知人"和"论世"是两个既独立又紧密联系的两个方面，作为社会的一员，诗人个人的生活经历和必然有其当时所处的时代的痕迹。正如鲁迅所说："我总以为倘要论文，最好是顾及全篇并且顾及作者的全人，以及他所处的社会状态，这才较为确凿。要不然，很容易近乎说梦的。"这就是说诗词审美的过程不能把作品孤立起来，不能以偏概全，不能断章取义，而要联系作家的思想情感以及他所处的时代的具体环境来分析品读。

例如，在讲授《酬乐天扬州初逢席上见赠》一诗的时候，在学生没有预习查找诗人的生平和诗人的时代背景之前，学生根本就不理解"怀旧空吟闻笛赋，到乡翻似烂柯人"一句。为此，教师布置学生一起去查阅诗人的生平，去翻阅这首诗的写作背景，当他们了解到当时唐王朝正处于由盛转衰，国家政治腐败，宦官擅权于内，藩镇割据于外，政权陷入严重危机之中，朝中改革与保守力量发生激烈对抗这一历史背景。了解当年以王叔文为首的政治改革的失败，王叔文被杀，刘禹锡被贬谪这一沉痛经历。同学们都能真切地理解一代才子被贬谪多年终于回京之际对往事的感慨，对亡友之思的沉痛之情。同样，他们也是在查阅资料，了解到这首诗词是为了和白居易《醉赠刘二十八使君》一诗，才理解"今日听君歌一曲，暂凭杯酒长精神"的由来。又如李清照的《武陵春》，如果不曾结合当时北宋败亡，诗人故乡青州陷入金人之手，金兵挥兵南侵，诗人丈夫病逝，而诗人自己也于战火中只身辗转流亡这个大的历史背景来品读此词，则无法读懂一个孤苦凄凉。流荡无依的女子内心的切肤之痛。

高尔基："诗人是世界的回声，而不仅仅是自己灵魂的保姆。"通过知人论世，不仅丰富学生的知识，拓宽学生的视野，训练了学生搜集资料的能力，而且使学生更深刻认识到诗中蕴含的情志美。

四、推敲炼字，品味诗词的语言美

汉字自有其独特魅力，而诗词是将汉字运用到极致的艺术。它是语言的高度浓缩和概括，它以最精练的文字蕴含最丰富的内容，在诗词中，每一个字自有其自身的艺术价值，每一个字都折射出艺术的魅力，品味古典诗词中一字传神的语言美。最典型的例子莫过于王安石《泊船瓜洲》"春风又绿江南岸，明月何时照我还"中的"绿"字，一个"绿"字，既写出了春风的气势，春天的气息，而且从视觉上使人眼前一亮，一如一幅生机勃勃、翠绿无边的江南初春图浮现于眼前。又如，杜牧《泊秦淮》

"烟笼寒水月笼沙，夜泊秦淮近酒家。"诗词中的"笼"字用的十分巧妙，"烟""水""月""沙"完全不同的四种事物，用两个"笼"字就巧妙和谐地融汇在一起，轻轻地烟雾、淡淡的月、幽幽的寒水、勾画了一幅朦胧而又清亮淡雅的水乡月夜图。李清照《如梦令》："常记溪亭日暮，沉醉不知归路。兴尽晚回舟，误入藕花深处。争渡，争渡，惊起一滩鸥鹭。"寥寥数语，似乎是随意而出，却又句句含有深意。写出了少不知愁的少女的生活情趣和愉快心境，尤其是"惊起"一词，乍一看，不觉为奇，细细深究，脑海中猛然就出现这么一幅画面：朗月当空的夏夜，荷叶团团、荷香四溢，一愉悦少女撑着一木舟，一个不小心，惊醒了于荷塘深处沉睡中的鸥鹭，静谧的荷塘一下子喧闹起来了，鸥鹭展翅起飞，于空转发出不满的嘀咕叫声，打破了夜的宁静。至此，词戛然而止，言尽而意未尽，耐人寻味。

品味古典诗词中以动写静、以有声写无声的语言美。中国传统文化追求的是和谐之美，动静结合，虚实相生，中国古典诗词传承这一文化特点，也讲求于静中见动，于动中见静的和谐之美。以动写静或以有声写无声是一种写作手法，它通过描写动的景物来体现环境的"静"，烘托出一种文字之外的宁静的世界。辛弃疾《西江月》"明月别枝惊鹊，清风半夜鸣蝉。稻花香里说丰年，听取蛙声一片。"明明营造的是一幅夜色清幽、气氛恬静、朴野成趣的乡间月夜图，可是诗人却半点不说夜的恬静，却偏写月光明亮，把鹊儿惊醒；要写丰年的喜悦，却写田野中的片片蛙声，以有声的夜尽写无声的夜，写出夜的恬静与自然。常建的《题破山寺后禅院》："清晨入古寺，初日照高林。曲径通幽处，禅房花木深。山光悦鸟性，潭影空人心。万籁此都寂，但余钟磬音。"构思独特，紧紧围绕破山寺后禅房来写，描绘出特定境界中独有的静趣。诗词先描写禅院里小径的曲折幽深，继而写禅房花草树木的清幽，最后从内心的感受的来描绘后禅院的清静幽美。为突出后禅院的幽静，诗人以清音袅袅的"钟磬"的来做反衬，以有声写无声，从而以动映静，给人以奇静艺术效果。刘长卿《送灵澈上人》："苍苍竹林寺，杳杳钟声晚。"梅尧臣《鲁山山行》："人家在何许，云外一声鸡。"都是以这种以动写静的艺术手法展现了诗词的语言之美。

第五章　初中语文诗词鉴赏能力的培养

第一节　培养学生古典诗词鉴赏能力的价值与意义

　　林语堂先生曾有一段对中国古典诗词鞭辟入里的分析，精彩绝伦的评价："如果说宗教对人类的心灵起着一种净化作用，使人对宇宙、对人生产生出一种神秘感和美感，对自己的同类或其他的生物表示体贴的怜悯，那么依我所见，诗歌在中国已经代替了宗教的作用……诗歌教会了中国人一种生活观念，通过谚语和诗卷深切地渗入社会，给予他们一种悲天悯人的意识，使他们对大自然寄予无限的深情，并用一种艺术的眼光来看待人生。诗歌通过对大自然的感情，医治人们心灵的创痛，诗歌通过享受俭朴生活的教育为中国文明保持了圣洁的理想。它时而诉诸浪漫主义，使人们超然在这个辛苦劳作和单调无聊的世界之上，获得一种感情的升华；时而又诉诸人们的悲伤、屈从、克制等情感，通过悲愁的艺术反照来净化人的心灵。……更重要的是它教会了人们用泛神论的精神和自然融为一体，春则觉醒而欢悦，夏则在小憩中聆听蝉的欢鸣，感怀时光的有形流逝，秋则悲悼落叶，冬则雪中寻诗。我几乎认为如果没有诗歌……中国人就无法幸存至今。"先生的一席话，道出了诗歌在中国、在中国人中的重要意义。培养学生鉴赏古典诗词能力的过程，其实也正是培养学生人文素质的过程。

　　在《义务教育语文课程标准》（2011 年版）"课程基本理念"部分中，有这样的文字："语文课程还应通过优秀文化的熏陶感染，促进学生和谐发展，使他们提高思想道德修养和审美情趣，逐步形成良好的个性和健全的人格。"的确如此，在泱泱华夏五千年文明历史长河中，一篇篇优秀的文章浩如烟海。这其中，诗歌无疑是一颗耀眼的明珠，中国是诗歌的国度，诗歌的内容包罗万象，形式巧妙多样，真可谓字字珠玑、句句佳美，体现出华夏民族深厚的文化底蕴。因此，培养学生古典诗词的鉴赏能力，价值不菲，意义重大。

一、丰富头脑，陶染心灵

在短小精悍的古典诗词中，在文字词语的背后往往凝结着诗人对人生、对世界的理解和感悟。对于古典诗词的鉴赏，无非就是通过诗人为我们留下的文字，去理解诗人对人生、对世界一种审美化的认识。我们阅读古典诗词，不仅仅是以明白诗歌内容为目的，关键在于阅读过程中美的感受和阅读结束后获得的美的情趣。但是古典诗词中所写下的古时候的人、事、物却在丰富着我们的头脑，让我们能够走进诗人所生活。纵观人教版初中三个年级的六本语文教材，其中选入教材中的古典诗词，从内容上讲，涉及送别类，如李白的《闻王昌龄左迁龙标》、王勃的《送杜少府之任蜀州》等；爱情类，如李商隐的《无题》、李清照的《武陵春》等；战争类，如文天祥的《过零丁洋》、辛弃疾的《为陈同甫赋壮词以寄之》等；思想类，如王湾的《次北固山下》、李白的《春夜洛城闻笛》等，当然还有其他题材的诗歌。而且，教材所选古典诗词的作者，也皆是历代名家、大家，其中有建安之曹操，东晋之陶渊明，大唐的李白、杜甫、王维、王勃、王湾、岑参、刘禹锡、杜牧，宋代的苏轼、范仲淹、文天祥、辛弃疾、陈与义、李清照，元代的张养浩、马致远，还有清代的龚自珍。这些诗人名作，不仅让我们看到了与今不同的历代社会，更让我们体会到了古今相通的人生感悟。古典诗词中的悲欢离合、是非恩怨，由古至今在人们的心头荡漾，给人以精神的浸染、情感的润泽。诗人总是以美的诗句，淘染着我们每一个人的心灵。我们在"海内存知己，天涯若比邻"的离别中而又见豁然，我们在"零落成泥碾作尘，只有香如故"的消逝中而又见精魂，我们在"坐观垂钓者，徒有羡鱼情"的闲适中而又见垂涎，我们在"行到水穷处，坐看云起时"的穷途中而又见悟境……

另外，在古典诗词中往往还蕴含着深刻的哲思。这些哲思启迪着成长中的初中生的思维，帮助他们更好地去认识生活、认识世界、理解人生、理解人性。这些将对于处在发展过程中的初中生，更加具有精神浸染、情感润泽的意义。

北宋著名诗人苏轼的《题西林壁》写道："横看成岭侧成峰，远近高低各不同。不识庐山真面目，只缘身在此山中。"这首诗并不以形象或情感取胜，但其中富有的理趣，却让人们从北宋一直咀嚼到现代。当然，此文毕竟是诗篇，阐发哲思也并不枯燥生硬而是借助庐山高低远近的山峰和一颗智慧的心灵，形象地道出了哲思，让人久久回味。诗歌带给了人们启示，人们观察事物的立足点、立场不同，对待同一事物就会产生不同的结论，正所谓"横看成岭侧成峰，远近高低各不同。"由此进一步启迪人们认识到，只有摆脱了主客观的局限性，置身于庐山之外，高瞻远瞩，才能真正看清庐山的真面目。从而体悟到，要认清事物的本质，就必须从各个角度去观察，既要客观，又要全面，盲人摸象是要不得的。又如南宋著名诗人朱熹的《观书有感·其一》写道："半亩方塘一鉴开，天光云影共徘徊。问渠那得清如许，为有源头活水来。"这首诗歌人们读后往往心里就如同诗中方塘一般"清澈如许"，豁然开朗。诗歌用"方塘"加以象征，阐明心中的顿悟。"问渠那得清如许，为有源头活水来"正是在启发着人们懂得要想不断提高自我、修身养性，就要不断学习，保持活力，用心去汲取"源头活水"。简短的 28 个字，是心与世界的交流、感悟，是诗人用智慧对人们心田的滋润。

诗人总是以他们独具之慧眼、玲珑之慧心抒写着这个世界，由此也为每一个阅读者创造了一个博大的精神世界。这对于身心发展都处于一个特殊阶段的初中生来讲，具有重要的意义。这个年龄阶段的初中生，正处于不断感受世界、认识世界，不断增加知识储备的阶段。通过对古典诗词学习、鉴赏，可以使他们见多识广，了解古今，认识社会人生。在阅读诗人对社会、对人生的审美的认识之中，学生就会不断丰富着他们的头脑，从而在每一个初中生的头脑中搭建一个审美的空间、审美的世界。在这个审美的空间和世界中，随着认识的不断广泛、头脑的不断丰富，这些诗人名作的感怀又不断陶染着学生们的心灵。

二、提高审美，塑造人格

如果问所有的文学作品中最美的是哪一种，我想人们会毫不犹豫地说出"诗歌"二字。而鉴赏诗歌，其实就是一种审美活动。因此，在欣赏古典诗歌的过程中，要注意对学生审美情趣的培养。审美情趣是指个体在审美活动中表现出来的一种偏爱，一种审美的倾向性，它直接体现为青少年的审美选择和价值。这样看来，良好的审美情趣的形成，需要有正确的审美观念作为基础。而在学生审美观念形成的过程中，非常需要一种正确的、全面的审美观念对其加以规范、匡正。而在这个审美观念形成的过程中，教师有责任也有义务成为学生的引领者。但是教师又不可能以单纯说教的方式引领学生。这就需要加以媒介对学生熏陶感染，从而培养学生的审美情趣。以优美的诗歌培养学生优雅的审美情趣，简直是一种妙不可言的方式。

面对"东临碣石，以观沧海"（曹操《观沧海》），你就会领略到诗人的雄心壮志和广阔的襟怀；面对"几处早莺争暖树，谁家新燕啄春泥"（白居易《钱塘湖春行》），你就会看到诗人笔下西湖的浓浓春意与勃勃生机；面对"夕阳西下，断肠人在天涯"（马致远《天净沙·秋思》），你又会感伤于诗人笔下这个沦落异乡、逢秋添愁的思乡之人；面对"深林人不知，明月来相照"（王维《竹里馆》），你则会沉浸于诗人这种宁静、淡泊、幽静、高雅的意境之中；面对"国破山河在，城春草木深"（杜甫《春望》），你将会为诗人这颗忧国忧民的心而感动；面对"相顾无相识，长歌怀采薇"（王绩《野望》），你必会读出诗人的闲逸归意和彷徨苦闷；面对"挥手自兹去，萧萧班马鸣"（李白《送友人》），你又会看到情意绵绵的告别和情深意长的勉励；面对"洛阳亲友如相问，一片冰心在玉壶"（王昌龄《芙蓉楼送辛渐》），你当会感受到诗人孤介傲岸的形象和坦陈心志的告白；面对"知否？知否？应是绿肥红瘦"（李清照《如梦令》），你又将会同感于诗人对易逝青春的叹息。教师于读诗中予以学生审美的引领，培养出学生正确的、全面的审美情趣，这其中的影响直指每一个学生的心灵深处。

从心理学的角度来讲，初中生所处的身心发展阶段被苏联教育心理研究所所长达维多夫称为"危机年龄"。其特点简单而言就是学生的身心发展存在着许多困难和不平衡。

阅读鉴赏古典诗词，在于感受其"感发生命"的力量。其最大的意义在于激活人的心灵，强大人的心灵，使人形成审美的人格。这样的人，将会拥有强大的精神，不为物欲所扰，不为逆境所困。生活在如今这样一个经济飞速发展的年代中的人们，有幸于丰厚的物质财富，但也有惑于丰厚的物质财富。在郑也夫先生的《后物欲时代的来临》一书中，有这样的一段话："新时代同样问题丛生，其中最大者，我以为是合二为一的这样一对问题。一方面，温饱即将全面解决，这在生物的历史上是前所未有的，于时空虚、无聊必然发生。另一方面，物质的供应仍以加速度、疯狂地推进，乃至商人成了最强的社会势力，消费成了最大的社会运动，追求快乐成了与之配套的、俘获众多男女的生活哲学。但是它没有解决，相反却造就出新时代的最大的问题和荒诞。"人们疲于经济建设、储备财富的生活之中，难有空闲的时光充实心灵，其生活形态看似拥有目标、充满动力，但其人生的价值却止于财富的积累。当抛开外物，拷问心灵之时，才发现心无"分文"，空空如也。人们只知道在生活中追求功利、占有物质，然而却形成了人性主体的失落，酿成了人之为人的最大哀痛。在凯恩斯的《预言与劝说》中有这样一段话："我得出的结论是，假如不发生大规模战争，没有大规模人口增长，那么，'经济问题'将可能在100年内获得解决，或者至少是可望获得解决。这意味着，如果我们展望未来，经济问题并不是'人类永恒的问题'。您也许会问，为什么这样就让人惊诧？这的确值得令人惊奇。如果我们不是眺望未来，而是回首过去，就会发现，迄今为止，经济问题、生存竞争，一直是人类首要的、最紧迫的问题——不仅是人类，而且在整个生物界，从生命最原始形式开始莫不如此。显而易见，我们是凭借我们的天性—包括我们所有的冲动和深层的本能——为了解决经济问题而进化发展起来的。如果经济问题得以解决，那么人们就将失去他们传统的生存目的。那么这对人类到底是福还是祸呢？如果你完全相信生命的价值，则这一远景至少为我们展示了从中获益的可能性。不过，那些经过无数代的培养，对于普通人来说已是根深蒂固的习惯与本能，要在几十年内加以悉数抛弃，以使我们脱胎换骨、面目一新，是难乎其难的。虑及这一点，我仍然不能不感到非常忧虑。因此，自人类出现以来，第一次遇到了他真正的、永恒的问题——当从紧迫的经济束缚中解放出来以后，应该怎样来利用它的自由？科学和福利的力量将为他赢得闲暇，而他又该如何来消磨这段光阴，生活得更明智而惬意呢？"因此，生活在这样一个时代中的人们，在建设社会经济的同时，切不可忘记建设自己的心灵。让每一个人都沐浴在诗歌的河流中，让每一个人都聆听到诗歌的天籁声，让我们的心灵更健全、更完美，让我们的生活更明智、更惬意，具备了欣赏古典诗词的本领，便自然会拥有健全的审美情趣，自然会具备强大的精神心灵。

依据何齐宗先生《审美人格教育论》："审美人格是美学意义上的人格，

指人的精神面貌具有审美特征，达到了美的境界，表现出和谐、个性、自由、超越和创造等基本特性……具有审美人格的人是各种优良素质在人身上的综合体现。人的素质越高，则人格之美的层次也就越高。"因此，在阅读欣赏古典诗词的过程中，教师要为处于"危机年龄"的初中生把好关、引好路，要做好对初中生的引领工作，在学生的审美意识、审美情绪、审美理想、审美标准以及对美感的鉴赏与创造等方面，对学生进行指点，让学生在成长的道路上少走，甚至不走歪路，让其具备强大的心灵，拥有一个诗意的人生，形成审美型人格，便是教师在诗歌的教学中给学生的成长带来的最大意义。

第二节　初中古诗词鉴赏教学存在的问题

中国古典诗词是中华传统文化的瑰宝，无论是教师还是学生，都有责任和义务传承蕴含其中的文化。从新"课程标准"来看，古典诗词教学也受到了一定的重视；从教材来看，古典诗词教学的地位并不低。但是，具体到实际教学中，却存在着一些并不乐观的问题。

一、从学生来看，对古典诗词缺乏应有的兴趣及鉴赏的方法

如今的初中生在古典诗词鉴赏方面的兴趣并不是很高。他们不喜欢阅读文学作品，对古典诗词则更为厌烦。他们觉得简短的诗歌并没有什么可读性，且作品距离现在生活年代久远，很难唤起他们的共鸣，所以更谈不上什么鉴赏。而且平时听老师讲课，老师居然能够针对二十几个字做出长篇大论的解析品鉴，更觉得是天方夜谭。且反映在试卷上，古典诗词的考核无外乎就是默写，至于那道诗词鉴赏的选择题，有时无须听课也能选对答案，所以他们认为诗歌就是用来默写的。平时老师也总是不停地催促他们默了又默，写错了的字还要罚写几十遍，甚至会因为默写不达标而被请家长。因此，一提到古典诗词就是一头雾水，甚至是横眉冷目。

本来就已经对古典诗词的学习缺少兴趣，再加上不知如何去鉴赏古典诗词，则更是让学生们感到困惑。课上听老师将一首二十几个字的诗歌讲得"天花乱坠"，还满口的艺术魅力，一讲就是一节课，学生感到完全是在听天书，对老师为什么能够讲出那么多的大道理百思不得其解。"浮云"为什么会和"游子意"一起说？"落日"又为什么和"故人情"放在一起？"赢，都变做了土；输，都变做了土"明明是大白话，但为什么又成为诗词名句等一系列的问题，学生明确道出了他们面对古典诗词时的困惑，他们觉得对于诗词鉴赏难就难在不知道如何下手。平时的教学基本上就是以背诵为主，因为考试也是以此为主。因此，有些学生对教师在课上

对诗歌进行的品味赏析，干脆选择了游离于课堂。没有钥匙，便自然打不开锁；没有方法，也自然无法展开鉴赏。

二、从教师来看，对古诗鉴赏缺乏深入的研究

如今一些教师在考试内容的影响下，选择了"有效地利用课堂时间"，他们更加注重背诵默写，宁可花费时间反复巩固，也不愿分出时间对诗词进行深入品鉴。即便在课堂上对诗歌进行赏析，学生没听几句也就不愿意听了，因为教师所讲的内容在学生的教辅书上写得清清楚楚，毫无任何新意。因此，教师的讲解便很难吸引学生，而学生也会对诗词鉴赏产生错误的认识。一些教师缺乏对诗歌鉴赏的深入研究，其品鉴往往是对诗歌进行支离破碎的分析，无视诗歌自身的艺术特点，化诗为文，千篇一律，毫无美感。

第三节 培养并提高学生古典诗词鉴赏能力的方法

一、在古典诗词鉴赏教学中要关注必不可少的"三个要素"

中国古典诗词的鉴赏活动是一种特殊的阅读行为，在这一欣赏过程中，始终伴随着感受、体验、领悟、理解、联想、想象和再创造等心理活动，从而对诗歌中的形象和意境进行品味和赏析。在古典诗词的鉴赏过程中，学生的心理会产生相应的活动——表达自身的感受、产生情感的波澜、形成审美的思维，学生也会在审美体验中获得审美的愉悦。在古典诗歌鉴赏教学中，教师要关注初中生在诗词鉴赏活动中的心理活动，这些心理活动会直接关联到对作品主题的理解和感悟。由此可知，在初中语文古典诗词鉴赏活动中，作为审美主体的初中生、作为审美对象的古典诗词篇目，以及作为鉴赏活动具体表现的审美体验，是古典诗词教学中得以开展鉴赏活动的必不可少的三个要素。三个要素互相关联，缺一不可。因此，在古典诗词教学中，教师必须要关注审美主体、审美对象、审美体验这三个必备的要素。

（一）诗词鉴赏活动中的审美主体——初中生

在初中古典诗词鉴赏活动中，其审美主体就是教师所面对的初中生。其鉴赏效果的好坏，涉及初中生的阅读水平、鉴赏能力的问题。在诗词鉴赏中，初中生会因其不同的生活地域、民族习惯、个人经历、文化素养、生活积累、个性心理等展开丰富的联想和想象，进行一种再创造、一种创新，继而呈现出异彩纷呈、大相径庭的鉴赏结果。水平高者，会因文字而感染自身、影响一生，可谓"一诗一世界"；水平低者，则难至此境，甚至只停留在诗词的文字表面。即便都是鉴赏水平极高的初中生，也可能由于其自身主观条件的不同，而使他们对诗歌鉴赏的结果呈现出多姿多彩、丰富复杂的局面，可谓各有千秋。

在诗词鉴赏的整个过程中，作为审美主体的初中生是鉴赏质量高低、结果优劣的基础，其对诗篇的鉴赏，拥有着审美的支配权力，在鉴赏活动中占有主体地位。作为读者，初中生在诗歌鉴赏活动中，应该注入真实的情感，调动生活积累，展开丰富的联想和想象，进行一种再创造。

（二）诗词鉴赏中的审美对象——古典诗词

既然是诗词的鉴赏，那么必然离不开诗歌本身。在我们的初中古典诗词鉴赏教学中，诗词鉴赏的审美对象，就是选入教材中的诗篇。这些教材中的诗篇，在鉴赏活动中，正在准备接受审美主体——初中生的感受，继而完成审美主体与审美对象的碰撞，接受美的审视，发挥美的意蕴，并进一步用其自身的美去感染审美主体，让其汲取美的力量，影响其身心发展。应该看到的是，相对于审美主体——初中生的不断成长的动态而言，审美对象——教材中选取的诗歌则呈现出一种静态。其对审美主体所发出的信息是完全相同的，至于在审美过程中所呈现出来的审美质量和结果的不同，则是由于审美主体自身存在着生活地域、民族习惯、个人经历、文化素养、生活积累、个性心理等不同的特征。就如同"一千个读者就有一千个哈姆雷特"，然而毕竟是哈姆雷特，也毕竟是被不同审美主体鉴赏的相同一首诗篇，其本身所具备的客观性质是不会因读者的不同而改变的。

另外，我们应该看到，随着审美主体——初中生的不断成长，当其反观相同一首诗篇的时候，其审美结果是必然不同的，其审美质量也必然是越来越好的。那么，就是这一现象的出现，不光体现了审美对象——教材中的诗篇自身的美的魅力，也体现了审美对象对审美主体——初中生的审美教育作用。

在古典诗词教学中，教师要为学生选择经典的篇目来阅读鉴赏。经典篇目经得起时间的考验，经得起古往今来无数读者的考验，流传至今，并将继续给读者带来审美的享受。其内容典型，形式规范，不光能为读者提供浓厚的感染力量，也更利于对初中生起到一个样板的作用。并且，从课程时间上来看，也必须为学生在有限的时间内，为其提供经典作品来进行鉴赏。从教材上来看，无论是课内精讲篇目，还是课外背诵篇目，都可称得上经典。这无疑很利于我们的诗歌教学。而且，作为教师也要提高个人素质，能够为学生选择推荐经典篇目，共同来学习。

（三）诗歌鉴赏活动中的具体表现——审美体验

结合前文对诗歌鉴赏所做的概念性的解释，再结合刚刚谈到的审美主体和审美对象的相应阐述，可以知道，诗歌鉴赏这一审美活动的本身，其实是一种复杂的心理活动。在这一活动的过程中，审美主体的心理大致会经历审美感知、审美体验、审美想象和审美判断几个环节。简单地讲，就是审美主体而对审美对象进行感知、体验、联想、想象，从而获得审美愉悦的过程。作为初中生来讲，其自身在小学阶段就已经接触了古典诗词的学习，那么在其头脑中，也必然储备着一些相关于古典诗词学习的知识，有着朗读诗词及背诵诗词的基础。当他们翻开教材，面对诗词的时候，必然要透过语言文字来感受诗歌的大意。再结合自身生活经验，将文字在头脑中转化为画面或一幕幕场景，从而获得审美愉悦。在诗歌鉴赏过程中，教师需要调动学生主观情感的参与，而这种主观情感的产生，激起于诗歌，又作用于学生。当诗歌中的情感与激起的学生的情感体验越是吻合时，就越会使学生获得更深的审美体验。当诗歌的语言文字转换为头脑中一幅幅画面的过程中，教师就要指导学生展开一种审美的联想与想象，进一步鉴赏诗歌，由感性的体验，走向理性的体验，从而获得审美的愉悦。

综上所述，诗歌鉴赏是由复杂的心理因素而构成的审美活动。审美主体、审美对象、审美体验三者共同作用，是这一活动中必不可少的且极为重要的三个要素。那么，作为面对学生的教师来讲，既已明确了诗歌鉴赏活动中不可或缺的三个要素，就应该从三个要素出发，针对三个要素的特点，结合初中生身心发展特点，努力培养学生古典诗词的鉴赏能力。

二、在古典诗词鉴赏教学中要备好"四个前提"

在古典诗词鉴赏中，作为审美对象的古典诗词，其自身具备客观性。相对来说，作为主观意义上的审美主体——初中生，其自身因素则显得更为重要。初中生自身素质的高低，直接影响着鉴赏质量的高低。并且，诗歌不同于一般的通俗文学，它本身反映生活、表达情感的特殊性，也对审美主体有着高层次的要求。因此，在古典诗词鉴赏教学中，教师要帮助学生准备好能够顺利开展鉴赏活动的"四个前提"。

（一）了解正确的鉴赏方法

"工欲善其事，必先利其器"，诗歌鉴赏也同样是这个道理。在我们的教学工作中，经常会遇到这样的情况：明明是诗中的一首千古绝唱，其艺术价值也得到了古今学者的评价和肯定，然而却得不到一个十三四岁的小孩子的认可。其原因恐怕就是这个小孩子不知诗为何物，不知怎样读诗，缺乏鉴赏诗歌所必须拥有的鉴赏方法，因此自然不能理解这首千古绝唱。

面对一首诗歌，必须了解正确的鉴赏方法，方可解得其中味道。简要地来讲，鉴赏一首诗歌，首先要了解其相关的时代背景，还要了解作者的身世情况、人生际遇。知人论世，揣摩诗歌可能抒发的情感。其次，从诗歌的题目入手，可以了解到诗歌的题材，比如《送杜少府之任蜀州》，由题目便可以知道这是一首送别诗，这样就可以基本明确诗歌抒发的情感。然后，熟读诗歌，在诗歌的节奏和韵味中品味诗歌。继而，抓住诗歌意象，结合自身生活经验展开联想、想象，走进诗歌的意境，从而把握诗歌抒发的情感或感悟的哲思。此外，还可从诗歌的语言出发，赏玩语句中的表达技巧。

因此，要想鉴赏一首诗歌，教师必须让学生了解正确的鉴赏方法，从而使学生具备开展古典诗词鉴赏首要前提。

（二）丰富自身生活经验

教师在指导学生读书的同时，千万不可让学生忽视生活经验的积累，正所谓"读万卷书，行万里路"。从诗歌本身来讲，其情感内容渗透着诗人对生活的独特感受和审美评价，欣赏者如果缺乏一定的生活经验，就难以与诗歌产生完整的共鸣，对诗歌本身价值的理解与体会，自然也达不到应有的层次。因此，教师要鼓励学生积累丰富的生活经验，并善于在诗歌鉴赏中调动学生的生活经验，方可使学生真正体会诗歌的艺术境界。

比如，在学习杜甫《望岳》这首诗歌的时候，那些拥有登山生活经历的同学自然要比那些没有登过山的同学更容易走进诗歌的意境之中。特别是对"荡胸生层云，决眦入归鸟"一句的感受，不登山便难以体会何谓层云叠起，不登山便难以体会何谓望鸟决眦。以至于诗歌最末一联"会当凌绝顶，一览众山小"的豪放与浪漫，更是不容易真正体会。

所以，教师要鼓励学生走进生活，热爱生活，并积极储备丰富的生活经验，无论是于实际生活中，还是于书本中，皆可直接或间接地拥有丰富的生活经验积累。这样，便又为古典诗词鉴赏增添了一个必要的前提。

（三）唤起审美注意

在语文教学中，教师要善于依据初中生的心理特点进行指导。诗歌鉴赏的过程始终伴随着相应的心理活动，不同于知觉、记忆、思维、想象等相对独立的心理活动环节，审美注意是贯穿鉴赏活动始终的一种心理现象。它是欣赏者在鉴赏过程中的一种心理保障，能够使鉴赏者在鉴赏活动中将心理始终向审美对象保持指向和集中。十几岁的初中生，其实仍然是小孩子，其活泼、贪玩、好动，且正处于青春期，心理上容易产生波动，有时心浮气躁，很难将身心投入到诗歌之中品味鉴赏。主观心态上的烦乱，再遇到客观环境上的嘈杂，特别是在安排于体育课之后的语文课上，其心理状态都不利于诗歌鉴赏活动的开展。这时，教师就要想方设法，努力唤起学生的审美注意。比如，设计巧妙的课前导入，利用音乐或图画辅助诗歌教学，加强作品对学生的吸引力，让学生能够全身心地投入诗歌鉴赏活动中，沉浸在诗歌创设的意境之中。

在教学中，教师要善于唤起学生的审美注意，引领学生走进诗歌的意境，继而使学生凝聚全部的心智，感受体验、思考想象，达到一种忘我的境界，获得极大的审美享受，这才真正体味到了诗歌的艺术真谛。当教师唤起学生的审美注意，其实也就为学生备好了又一个鉴赏诗歌的前提。

（四）形成积极的审美期待

与始终伴随着诗歌鉴赏心理进程的审美注意不同，审美期待作为另一与诗歌鉴赏密切相关的心理状态，其自身呈现出阶段性的特点。当鉴赏者进入阅读行为中某一心理过程之前，这种审美期待的心理状态便会出现。而当鉴赏者一旦经过了阅读行为中某一心理过程之后，这种审美期待的心理状态便会消失。审美期待的形成实际是由于鉴赏者多次品鉴审美对象而形成的一种心理定式，鉴赏者会很容易，并不自觉地将这种心理定式作为品鉴标准，并由此调节其自身的注意力和感知、感觉器官。当被品鉴的诗歌恰如所料地证实了审美期待，一种莫大的审美愉悦便会油然而生。

在鉴赏过程中，审美期待仿佛是一种鉴赏的动力，教师要善于激起学生的阅读热情，让其在鉴赏活动中形成一个又一个审美期待，热爱鉴赏，乐于鉴赏。可见，当学生在鉴赏活动中拥有了审美期待，便拥有了又一个鉴赏的前提。

综上所述，若要使学生能够有质量地进行古典诗歌的鉴赏，教师就要从技能上指导学生掌握正确的欣赏方法，从生活上指导学生积累生活经验，从心理上指导学生做好审美注意和审美期待的心理准备。这样，学生便具备了古典诗词鉴赏的前提条件，也就自然可以更好地对古典诗歌进行品味鉴赏。

三、培养初中生中国古典诗词的鉴赏能力的方法

面对同一部诗歌作品，由于鉴赏者自身素质的差异，自然会产生鉴赏质量和鉴赏结果的差异，正所谓"慷慨者逆声而击节，蕴藉者见密而高蹈，浮慧者观绮而跃心，爱奇闻者诡而惊听。"但尽管如此，鉴赏者也不可随意而为，其鉴赏必须依据客观的审美对象，其鉴赏结果的差异也必须是在鉴赏的正路上的异彩纷呈，否则，就会走到鉴赏的岔路之上。另外，诗歌鉴赏活动中的审美对象皆是古时候所创作的诗歌，其创作年代的久远，创作背景的相对模糊，再加上诗歌语言的特殊表达方式，以及蕴含在诗歌语句中典故的陌生化，若想使诗歌鉴赏活动不走入歧途，非要掌握一定的鉴赏方法不可。

中国古典诗词的鉴赏活动是一种特殊的阅读行为，在这一欣赏过程中，始终伴随着感受、体验、领悟、理解、联想、想象和再创造等心理活动，从而对诗歌中的形象和意境进行品味和赏析。需要指出的是，从初中生的年龄特点、心理发展阶段、生活阅历的积累程度等方面来看，初中生对于文学作品的鉴赏高度是有着相应的层次的，其对古典诗词的鉴赏要求只达到"初步鉴赏"的层次，即感知诗歌的形象、品味语言艺术、领略表达技巧、评价整体风格。在诗歌鉴赏过程中，我们要将感受和理解相结合。一方面，从触摸语言、感受形象、体验诗境等感受能力出发；另一方面，从词句章法、情感哲思、整体风格等理解能力出发。从诗歌的表面，

读到诗歌的内在。

（一）从积累诗句出发

在《九年义务教育语文课程标准》（2011 年版）中明确指出："诵读古代诗词，……注重积累、感悟和运用，提高自己的欣赏品位""评价学生阅读古代诗词和浅易文言文，重点考查学生的记诵积累。"在这里，我们可以领悟到"课程标准"中对学生在古典诗词记诵积累方面的明确规定和强调。从当前来讲，初中生正处于行为、智力以及心理等各方面逐步发展的阶段。在这个时期，对初中生自身各发展领域都需要一个规范的引领，因为在这个"危机年龄"阶段，其发展是会趋向于两个完全不同的方向的。在古典诗词鉴赏能力发展提高的领域，记诵积累大量的、优秀的、经典的古典诗词，将会对初中生形成一种不自觉的、无声润物的感染和规范。另外，在鉴赏活动中，我们会经常遇到由眼前诗句而联想到大脑中储备的类似诗句，并加以比较的情况，这样无疑对学生的鉴赏活动拓展了更大的空间。

从长远发展来讲，初中生在逐渐长大直至成人的过程中，由于其心智发展日渐成熟、趋于完善，他们将会对早已背诵得烂熟于心，却不是完全理解的古典诗词逐渐感悟。当他们在今后的生活中，不经意的某个生活场景会触动那些记忆在头脑中的诗句，从而就会激起"诗化生活"的联系，再一次获得更为深刻、具体，尤其是真实可感的审美愉悦。

所以，我们在古典诗词教学中要特别注意让学生记诵积累大量的、优秀的、经典的古典诗词，不光是要重视教材内的精讲篇目，也要重视包括课外背诵篇目，甚至要记诵一些教材以外的优秀篇目。教师要想方设法不让学生因记诵而觉得枯燥，可以设置与诗句相应的场景，类似于中考试卷默写题目中依据对诗文内容的理解补充默写的形式，让学生尽可能在理解的基础上加以记诵。从而为学生鉴赏古典诗词打下一个坚实的基础。

（二）从把握意象入手

我们常常把意象比作鉴赏诗歌的钥匙，在诗歌的语句中，意象可以说是最小的语言单位。从诗歌的创作而言，诗人需要把个人对生活等方面的感触，寄托在具体可感的事物上，这样就产生了意象。从阅读鉴赏方面来讲，意象也是读者从诗句中可感的具体事物。把握诗歌的情感，首先就要去感受意象。另外，从初中生的阅读鉴赏能力和认知水平来说，指导其抓住诗歌意象，从小切口感受诗歌、走进诗歌也是符合其学习规律的。在这一阅读环节中，学生完全可以发挥其心理直觉，感受意象，揣摩诗意。意象作为诗歌鉴赏活动中一个重要的概念，它体现着诗歌传情达意过程中相对来说较为固定的创作规律，由意象出发，披文入情，发微显隐，对诗歌鉴赏有着极为积极的意义。

关于"意象"一词，早在南朝刘勰的《文心雕龙》中便已出现："独照之匠，窥意象而运斤"，并指出了"意象"在诗歌艺术构思中的重要地位："驭文术之首，谋篇之大端。"明代胡应麟也在《诗薮》中指出了意象的重要地位："古诗之妙，专求意象。"至于意向的具体概念，许多名家也都提出了相应的看法。李元洛先生这样来定义："意象是客观生活场景和诗人主观思想感情相交融，通过审美的创造而以文字表现出来的艺术景象或境界。"[1]周发祥先生则这样认为："意象的本质是'意'与'象'的结合，主客观的交汇，而这个主观上的'意'内涵相当复杂，又隐藏在'象'的背后，令人难以把握。"[2]在翁光宇先生看来："意象是人的主观意念和外界的客观物象猝然撞击的产物，是诗人为了表现自己的内心世界，把客观的物象经过选择、提炼，重新组合而产生的一种含有特定意义的语言形象。"[3]这样看来，"意"是诗人的主观情思，"象"是诗人选择的客观事物，"意象"则是寄托着诗人主观情思的客观事物，是主客观的一种交融，是诗歌中传情达意的基本单位。因此，教师应该指导学生，面对诗歌中所呈现的客观事物，一定要去感受这一客观事物的本身特点，继而去体会诗人所寄托其中的主观情思。在古典诗词中，有一些经常出现的意象，其主观情思与客观物象的融合往往具有一定的固定性和规律性。比如看到"月亮"便应体会到思念与团圆；看到"柳条"便应体会到留恋与不舍；看到"松竹梅菊"便应体会到坚韧与高洁；看到"鸣蝉"便应体会到悲凉或清高；看到"梧桐""芭蕉"便应体会到凄凉与悲哀等。

---

[1]　潘晓林.提高诗歌鉴赏能力的途径与方法 [J].文学教育 (下),2010(05):116.

[2]　杜婷婷.论"意象"范畴中"意"与"象"的关系 [J].福建广播电视大学学报,2015(05):46-49.

[3]　辛衍君.唐宋词意象的符号学阐释 [D].苏州大学,2005.

在具体鉴赏活动中，教师要带领学生品位意象，善于抓住其可感的形象特点。唐代诗人温庭筠《商山早行》中"鸡声茅店月，人迹板桥霜"一句诗人意在表现早行所见所闻的凄冷、悲怆，但是诗句里面却无"凄凉""寒苦""悲痛"等词语，而是连续运用六个典型的意象"鸡声""茅店""月""人迹""板桥""霜"表达出旅途的冷清寂寞之感。在具体鉴赏过程中，教师可以让学生感受上述六个意象，根据直觉描述出其各自的特点和给自身带来的阅读感受。这样很容易体会出意象中处处体现出的"早"和处处可感的凄凉、孤寂。诗人从众多的客观景物中选取典型的、生动的意象，不仅凝练含蓄地表达了个人的情思，而且还增添了诗歌的感染力。读之画面感极强，形象地再现了诗人独自一人早行于山间的孤寂和"悲故乡"的苦楚。

（三）以审美想象为桥梁

在抓住诗歌意象，进行感受体会的同时，教师要指导学生根据已有的感受经验发挥审美想象的能力，进一步感受诗句。所谓审美想象，就是审美主体（读者）根据诗歌作品所提供的信息，调动自己的表象储存，在头脑中建立起相应的形象的心理过程。

在古典诗词鉴赏活动中，教师可以引领学生在抓住意象特点的基础之上，启发学生运用智慧、调动情感，以求获得审美的愉悦。在师生共同面对诗歌为读者展现的一幅幅生动的图画的时候，教师可以通过语言的描绘，让学生以意象的特点和内涵为出发点，并且调动其已经具有的感受经验，以全身的心智投入其中，展开审美的想象，从而在头脑中完成审美的再造想象。这种审美的再造想象"主要是指读者在文学欣赏活动中，根据诗歌作品所提供的语言符号进行解读，在自己的头脑里浮现出相关的审美想象，从而进行文学欣赏的"。在这一鉴赏环节中，教师要善于帮助学生唤起全身心的智慧、情感，并智引带领学生积极进取的挖掘品味，以审美想象为桥梁，由诗歌的表面而走进诗歌的内在，从诗歌之"实"（直接所写）而走到诗歌之"虚"（间接表达），以期待学生能够体会到蕴含在诗歌艺术形象背后的内涵，从而获得审美的愉悦。

在诗歌的鉴赏活动中，恰当地搭起审美想象的桥梁，从诗歌的语言文字鉴赏到诗歌艺术"言外之意""味外之味"的例子不胜枚举。在进行白居易《钱塘湖春行》一诗的教学过程中，就可以充分体现出审美想象所发挥的作用。诗歌二三两联写道："几处早莺争暖树，谁家新燕啄春泥。乱花渐欲迷人眼，浅草才能没马蹄。"在诗歌的二三两联中，诗人勾勒出烂漫的春光，早莺悦暖，新燕衔春，丛花撩人，新草绕蹄。可谓有声有色，春意盎然，无不体现出天地之间在经过了隆冬之后的勃勃生机与可感的惬意。

（四）从品味意境深入

当学生综合诗中所有意象进行感受、联想、想象的时候，仿佛是将自身的感受经验由外而内地投入诗歌中去，继而在大脑中便自然会形成一个体会出的世界，这个世界其实就是诗歌的意境。当学生体会出诗歌意境的时候，其实才真正走入了诗歌。学生此刻仿佛被诗歌的意境所笼罩，自身也成了诗歌中的一分子，进而对诗歌进行鉴赏，其得出的鉴赏成果，就像是从诗歌的世界中由里而外的取出东西。其鉴赏的性质也仿佛由感性而趋于理性。关于意境，王国维在《人间词话》中有相应的阐释："境非独谓景物也。喜怒哀乐，亦人心中之一境界。故能写真景物、真感情者，谓之有境界。否则谓之无境界。"王国维的"境界说"就是对意境较系统而透彻的阐释。意境体现了诗中的情与景的交融，是诗人主观情思与客观形象的统一。呈现出中国古典诗词创作所追求的至高艺术境界。这样看来，欣赏者阅读诗歌，品味诗歌的意境，是极为关键的。

在诗歌教学中，教师应该让学生明了品味诗歌意境的重要意义，善于引领学生在品味意境中体会诗歌中主体思想与艺术形象的统一。具体来看诗歌的意境，大致可以分为以下几种类型。

第一，情景交融。此类诗词的意境特点以王夫之的话来加以解释说明，恐怕最为恰当。以李清照《醉花阴》（薄雾浓云愁永昼）为例，进行阐述。这首词是在抒写词人于重阳佳节，独守空房，思念丈夫，寂寞孤苦的状态。诗词的上半阕，从早上光景一直写到半夜时分，环境冷清，孤寂无聊，愁闷难捱。首二句由室外写到室内，写天气阴沉之景，抒心神不定之情。接下来三句，写佳节重阳之时，暗含寂寥相思之情，刻画出深闺之中倍感"凉"意的词人。诗词下半阕突出抒写黄昏后的愁绪。一句"有暗香盈袖"，既是写重阳赏菊之场景，又是写难以排遣的愁苦心绪。特别是用黄花之"瘦"容，来抒写词人之"愁"心，形容得贴切而形象。在这里，词人的愁绪与重阳之景象，高度融合在一起，在这凄清寂寥的秋景中，女主人公多愁善感、惜花自怜的情态生动地呈现出来。在环境的渲染下，词人于诗作中寄寓的情感，也久久地感染着每一个读者的心灵。尤其是看到那消瘦的黄花，又怎么会不为词人落泪？这种诗歌的感染充分体现了情与景的交融。因此，具体到这首宋词的鉴赏活动中，教师则应引导学生首先抓住诗词中的意象，然后展开审美想象，看其所写之景，品其所寄之情。比如品味"薄雾""浓云"，直接便可以感知其朦胧、缭绕，再抓住"愁"字和"昼"字，又结合下文"半夜"，借助审美想象的桥梁，便可领悟词人蕴含于诗句之中述说的难解难消之情。这样，在情与景的交融中，深入到诗歌的意境，领会到诗歌的意蕴。

　　第二，侧重写意。这类诗歌的意境，不在于塑造出真切可感的形象，诗中往往侧重写诗人的内在感情，直写诗人的心底。教师在引领学生鉴赏此类作品时，应该让学生明确诗作以意取胜的特点，阅读这样的诗歌就是在直接阅读诗人的内心世界。我们可以让学生调动起生活经验的积累，寻找个人经验与诗歌内涵的契合点，展开想象，深入到诗歌意境之中。以南明诗人夏完淳《别云间》一诗为例，进行阐述。诗歌内容如下："三年羁旅客，今日又南冠。无限山河泪，谁言天地宽。已知泉路近，欲别故乡难。毅魄归来日，灵旗空际看。"诗人生活的年代正逢清兵南下，攻打南明王朝之时。夏完淳是中国历史上少见的一位罕见的少年英雄和爱国诗人。在诗人写下这首诗篇的时候，正是他在家乡——云间被捕以后。诗歌表达了诗人誓死不投降的精神，以及热爱故乡的情怀。诗歌首联从回忆自己的漂泊羁旅写起，言说自己将生死置之度外的心境。颔联的词句中透露着诗人极度的悲痛，令人读之落泪，直说对祖国山河破碎的悲愤之情。颈联更是直接表达自己在面对死亡之际，对故乡无限的热爱之情。尾联则是写诗人幻想自己身死之后仍要征伐清军，终究返回故土的决心。在鉴赏过程中，教师可以启发学生联想他们曾经读过的类似内容的故事，看过的相关题材的影片，并结合诗歌内容，展开想象，在大脑中塑造一个"身穿盔甲，手执宝剑，回望故乡，赴死沙场"的诗人形象。这样，在鉴赏于情感的表达上并没着力塑造真实可感的形象的诗歌时，诗中所蕴含的真挚而浓烈的感情，依然真切可感。这样的诗歌，侧重内心情感的自然流露，情真意切，自成境界。

第三，侧重写境。这类诗歌往往于诗句中刻画形象可感的画面，真正做到了以境取胜，在诗歌着意刻画的境中寄寓诗人所要传达的思想感情。教师可以指导学生在反复诵读的基础上品味诗中意象，鉴赏这一类诗歌，审美想象的作用则尤为重要。因此，教师一定要激活学生的大脑，由此进行鉴赏，品味诗人笔下的意境，从而体会诗人的思想感情。谨以唐朝诗人刘方平《月夜》一诗为例，进行阐述说明。诗歌内容如下："更深月色半人家，北斗阑干南斗斜。今夜偏知春气暖，虫声新透绿窗纱。"诗中所写，以月夜为背景。前两句仰望浩瀚星空，从视觉上刻画月夜星空的空旷静谧。抓住意象，展开想象，瞭望宇宙星空，回顾苍茫大地，教师要启发学生体会出物换星移之意。深入到诗歌的这一意境，便可体察出诗人于描摹的星斗转换中所要表达的时光流逝之意。后两句俯察广阔大地，从听觉上刻画悦耳动听的阵阵虫鸣。同样抓住意象，展开想象，春天用她温暖的手抚摸着地上的生灵。深入细细体会这一意境，方可体察出诗人于地面的新绿与草虫中，所寄寓的生机勃勃之意。诗歌画面清新而明丽，传情含蓄而隽永。要让学生明确，这类诗歌的画面感很强，但却不停留于画面之上，抓住意象，想象画面，深入到诗歌的意境之中，我们便可以感受到诗人那鲜活的情感，可谓"以境寄意"是也。

（五）由体会理趣明思

当我们体会诗歌意境，走入诗歌之后，才能够领悟到诗人寄托在诗歌中的情感与哲思。这种领悟是一种理性思维的综合分析，教师要意识到这种思维由感性到理性的转换，帮助学生在感受之后还能够将感受的结果综合分析，归纳其感染力的共性，分析出其感染力的指向，这样才能够准确地领悟到蕴含在诗歌深处的情感与哲思。中国古典诗歌，其创作虽然重在抒情，但我们不妨来重点说说以议论说明为长的诗作。特别是发展到了宋朝，这种蕴含深刻哲理，表现出一定理趣的诗歌就愈发凸显。这种理趣，于作者来讲，往往是对生活中某些现象的更为理性的感悟；于读者来讲，往往会从诗歌中获得某种点醒。

至于对诗歌理趣的体会领悟，教师依然要指导学生从诗歌中真实可感的形象出发，结合诗句上下文展开丰富的联想与想象，唤起自身所积累的生活经验，体会作者于描绘的某某现象或场面中，所抒写的具有典型性的某种体验与感悟，并由此明思曾慧。比如诗人杨万里《过松源晨炊漆公店》："莫言下岭便无难，赚得行人空欢喜。正入万山圈子里，一山放过一山拦。"教师则可以启发学生想象自身处于崇山峻岭之中，抓住下得此山之后又见彼山的生活经验，并联想到学习中一重又一重的障碍。虽然我们可以克服困难，取得成功，但不可由此满足而沾沾自喜。应该正确认识前进道路上的艰难险阻，振作精神，不断登攀。再如诗人朱熹《观书有感》一诗中："问渠那得清如许，为有源头活水来"两句，教师则可引领学生体会"清"与"活水"的比喻意义。由此不难领悟出一个人的心灵若想要澄明清澈，就得认真读书、时时补充新知的道理。还有诗人王安石《登飞来峰》一诗中："不畏浮云遮望眼，自缘身在最高层"两句，教师则可启发学生唤起登高望远的生活体验，来深入体会诗歌句子中所表达的高瞻远瞩，对前途充满信心的豪情和不畏艰难，勇于登攀的决心。

（六）从语言技巧赏玩

在对诗歌的情感和哲思做出理性的悟之后，教师不要忽略诗歌在语言文字方面的艺术特色。教师要进一步帮助学生理性分析诗歌语句，鉴赏其特有的语言魅力。对于初中生来讲，其对诗歌语言技巧方面的鉴赏，不必做太深入的研究，了解诗歌语言的音乐性，品味诗歌语言的炼字效果，掌握一些诗句中常用的修辞技巧即可。在这一鉴赏环节中，教师要指导学生品味诗歌语言技巧的运用是否能够准确而完备地传达出作者的情感，是否有利于文学创设出一个美的意境。

第一，诗歌语言的音乐性。"诗"与"歌"并提，其语言本身自然与音乐脱不了干系。除诗句末字的押韵，还应让学生了解古典诗词语句的一般结构形式，体会语句的节奏感。一般来说，五言诗的句子往往是"上二下三"的形式，如"林暗 / 草惊风，将军 / 夜引弓"。七言诗的句子，则一般为"上四下三"的形式，如"沉舟侧畔 / 千帆过，病树前头 / 万木春"。当然，无论是五言诗，还是七言诗，"上二下三"和"上四下三"的结构并不是唯一的，至于其他结构的诗句往往殊见不多，因此，在此不做赘述。把握好诗歌语言的音乐性，学生在朗读中，便会更加的有韵味，而且语言的节奏往往和诗歌的意义、情感相关，我们不必让初中的学生明白这其中的道理，只需让富于乐感的朗读有形无形中感染学生的心灵，带来一种审美的愉悦。

第二，诗歌语言的炼字。来看诗人白居易的著名诗作《钱塘湖春行》："孤山寺北贾亭西，水面初平云脚低。几处早莺争暖树，谁家新燕啄春泥。乱花渐欲迷人眼，浅草才能没马蹄。最爱湖东行不足，绿杨阴里白沙堤。"从刻画的形象上来看，"渐欲""才能"这两个诗眼，富于情感，表现出了初春时节乱花和浅草的勃勃生机；从诗句的色彩感上来看，"花"与"草"相应而生，鲜明亮丽之"物色"，直照豁然开朗之"心色"。炼字会涉及有关于词性、语法的一些知识，依照初中生的发展阶段，也依照"课程标准"的指导——"评价学生阅读古代诗词和浅易文言文……词法、句法等方面的概念不作为考试内容"，只需让学生凭直觉评价炼字的妙处即可，不必深究于此。

第三，诗歌语言的修辞。首先是"互文"。互文，也叫互辞，是古诗文中常采用的一种修辞方法。往往上下两句或一句话中的两个部分，看似各说两件事，实则是交相呼应，互相阐发，互相补充，说的是一件事。上下文义互相交错、互相渗透、互相补充，共同来表达一个完整句子意思的，正所谓"参互成文，含而见文"是也。"烟笼寒水月笼沙，夜泊秦淮近酒家"，"秦时明月汉时关，万里长征人未还"，这是句子内部的互文；"当窗理云鬓，对镜贴花黄"，这是句子之间的互文。运用互文这一修辞方法的诗句，往往于凝练概括中打开境界，语言简约而错落有致，节奏和谐且雅韵回荡。

其次是"移情"。不难理解，所谓"移情"，就是诗人将人类所具备的情感植入到所写之物上，从而让笔下之物具备了人类的感情。"落红不是无情物，化作春泥更护花"，诗句中的"护花"便是将人的情感投入到"落红""春泥"之上，更为生动可感的表达了诗人虽远离官场，但仍然心系国家的豪情。"移情"这种修辞手法的使用，可以使诗句更加富于感情，诗歌的抒情氛围也因此得到了渲染，更为浓郁，同时也更利于读者理解诗人思想，感受诗歌感情。

再次是"婉曲"。从字面上来看，就可以知道，所谓"婉曲"，就是诗歌委婉曲折的表情达意，它不同于"别称"指向于用词，"婉曲"则是指向于用句的。比如杜牧《赤壁》中"东风不与周郎便，铜雀春深锁二乔"

两句，就是婉曲这种修辞手法的体现。诗人并不直言孙吴政权的灭亡，而是东吴政权的两个闻名于天下的妻室——大乔、小乔被曹魏政权掳夺而去，拘禁在铜雀台。表达委婉曲折，读之回味不已。"婉曲"这种修辞手法，会使诗歌语句的表达含蓄委婉，会使诗歌语句的抒怀意味深长。

当然，诗歌之中的修辞也不乏比喻、拟人等。教师指导学生鉴赏诗歌外在文字之中的表达技巧，能够让学生因诗歌巧妙的外在语言而获得美的感受，更为重要的是因诗歌漂亮的外在语言巧妙地传情达意而获得美的感受。

（七）从整体风格观照

在对诗歌的形象、情感、技巧等方面分别进行鉴赏后，教师还可以指导学生从诗歌的整体风格来进行鉴赏。在师生共同开展的古典诗词鉴赏活动中，有意识地加强对作品的感性认识，并进一步理性归纳出诗人的风格，将有利于把握诗人寄托在诗中的思想感情。

在古典诗词鉴赏活动中，教师可以引领学生对同一诗人的不同诗作进行比较鉴赏。比如体会李白诗风的浪漫飘逸，从《闻王昌龄左迁龙标》"我寄愁心与明月，随风直到夜郎西"一句，诗人把对友人的情感投射到当空明月之上，让分处两地之人，以明月为情感传达的媒介，互致情意，由此打破地域的界限，万里如在眼前，遥情如在身侧。这种浪漫的表达，一直沿用至今，那首脍炙人口的《月亮代表我的心》则洋溢着李白的浪漫之风。从《春夜洛城闻笛》"谁家玉笛暗飞声，散入春风满洛城"一句，诗人将"玉笛之声"揉在"满城春风"之中，歌声飘飘扬扬，蕴含在其中之情感可谓缠缠绵绵，如此浪漫的表达，又怎能不感染古今无数的读者呢？从《渡荆门送别》"月下飞天镜，云生结海楼"中，首句诗人从高空俯瞰月亮在江水中的倒影，犹如飞来的明镜。这一想象本身就富于浓郁的浪漫色彩，使人仿佛于江面之上飞天而来，见江水之清亮，造飘逸之境界。从《宣州谢朓楼饯别校书叔云》"抽刀断水水更流，举杯消愁愁更愁"中，诗人大胆想象，试图以锋利快刀斩断难解之愁思，仿佛天上仙人，排遣于宇宙万物，其浪漫之风可见一斑。从《月下独酌》"举杯邀明月，对影成三人"中，诗人将月与影人性活化，共举觥筹，推杯换盏，述说寂寞，谪仙人之浪漫飘逸映入人心。由此，在同一诗人的不同诗作的比较鉴赏中，学生便能够更好地审视诗歌之美，其快然自足，非言语可道尽也。

四、综合运用教学手段，创设有利于诗歌鉴赏的课堂

课堂是学生学习、成长的主要场所，创造一个有利于学生学习、成长的课堂，有着极为重要的意义。对于课堂的设计，切从学生和教学内容出发是毋庸置疑的。

（一）运用图片展示诗句情景，助于鉴赏

现在的学生，读图比读文的兴趣要大得多。所以，针对这一特点，我们完全有必要利用图片来辅助展示诗歌中的画面，尤其是那些情景交融的诗歌。让学生能够较为直观地看到诗句描绘的情境，化抽象的文字为具体的画面。这里需要指出两个问题。

第一，诗歌毕竟是文学艺术，其呈现的基本方式就是利用文字来进行书写。用图片来展示诗句描绘的情景，只是一种辅助的手段。这种方法的运用，不宜一贯如是，教师可以在低年级学生的课堂中较为多数的运用这种方法。随着学生年龄的增长，也随着学生对诗歌鉴赏方法的逐步掌握，教师要逐渐的较少图片的呈现，直至不再运用这种方法。这样，则使对诗歌的理解又回到了本应如此的"从文字出发"。如果始终运用这种方法，则会造成学生大脑的僵化，而且还会造成理解的模式化、刻板化、僵硬化。

第二，教师用图片展示诗句中的情景，就应该准确按照诗句中描绘的情景来选择图片。切不可"差不多就行""相类似就行"。这其实也为教师提出了很高的要求，首先教师就要正确的理解诗句，其次还要善于认识图片、选择图片。比如在为马致远《天净沙·秋思》这篇小令配图时，就要动一番脑子。就拿第一句"枯藤老树昏鸦"来说，"枯藤"是选择挂在枝上的"枯藤"，还是选择蔓延在地上的"枯藤"，亦或是选择攀援在山石上的"枯藤"呢？"老树"是选择果实累累、枝繁叶茂、笔直挺拔的"老树"，还是选择合抱极粗、折枝破皮、歪脖扭腰的"老树"，亦或是露根翻土、攀石倚壁、刀伐斧砍的"老树"呢？"昏鸦"是飞？是落？是长？是幼？是孤独一只，还是合家团圆？这些不同的画面，会给学生带来不同的导向，从而带来不同的鉴赏结果。

（二）利用音乐烘托诗句气氛，助于鉴赏

诗歌、诗歌，本可来歌。歌坛皇后邓丽君有几首歌吟古诗的乐曲——《在水一方》《独上西楼》《水调歌头》《人面桃花》《恰似一江春水向东流》，首首都是经典。几首歌曲利用现代人对古诗的理解谱曲歌唱，很好表现了诗歌的内在情感。有些教师则会把这几首歌曲放给学生来听。无疑，这种方法会比较有效的帮助学生感受诗歌，学生在一遍一遍地聆听中会不自觉地学唱歌曲，旋律也一遍一遍地萦绕在学生的心间，不断感染读者。另外，教师也可选取古筝、琵琶演奏的乐曲激发学生的感受力，走进诗歌，品味意境。不过，在我们的教学中，对于乐曲的运用往往是播放片刻就罢，学生刚刚进入意境，乐曲一停，仿佛也在告诉学生，这个感受的环节也已结束。尽管学生会有一个感受的"惯性"，但是这种感受多少会受到一些影响。那么，依我所见，我们不妨将一些没有演唱的古筝曲、琵琶曲作为课堂的背景音乐，贯穿于整个课堂，音调不必太高，让乐声达到一种若有若无的状态最佳。这样，可以帮助学生始终沉浸在这种氛围之中，有利于集中感受力，也可更加深入地享受诗歌所带来的美感。同时，教师也在一种美的享受中进行教学，与学生展开对话，交流对诗歌的鉴赏心得。

（三）恰当评价诗歌鉴赏活动

关于诗歌鉴赏的评价方式，我们不必只是拘泥于考试和做题。我们可以在教学中指导学生创作诗歌，让学生自由选择题材，无论是写成律诗、绝句，还是写成长调、小令。在诗歌的创造活动中，学生会考虑诗句的形式，如押韵、修辞、意象的选取等，同时也会考虑情感表达方式，如借景抒情、托物言志等。这种评价方式，以"学以致用"为理念，在创作过程中，学生也会感到由学习者的身份似乎转变为了创作者的身份；而且也会感到从欣赏他人作品转变为由他人欣赏自己的作品。这无疑增加了学生的自信心，更为重要的是也会让学生拥有一种成就感。另外，结合上述的方式，我们还可以经常组织诗歌鉴赏大会，在质疑和探讨中增强学生的古诗鉴赏能力。由此，不断提高学生的古典诗词鉴赏能力，并不断完善学生审美人格的健全。

第六章　初中古诗词教学对学生审美趣味的培养

第一节 古诗词教学培养学生审美趣味的意义

古典诗词具有高雅和典范的特点，其中所蕴藏的深刻哲理，丰富情感和独特的美感，都是将学生趣味爱好引向高雅的重要资源。因此，在古典诗词教学过程中培养学生的审美趣味不仅必要并且重要。

一、在古典诗词教学之中培养学生审美趣味的意义

著名美学家朱光潜认为：文学的修养可以说就是趣味的一种表现。文学教育就是要将学生培养成拥有纯正趣味的人。审美趣味教育有着重要的现实意义，它不是天生的，是环境的产物，文化的产物；趣味有高下、美丑、善恶之分；趣味与人生有重要的关联，趣味对人的生活品质和评价有着重要的影响。通过古典诗词的熏陶和感染提高学生的审美趣味，有利于学生形成对事物的正确判断能力，形成正确的价值观、人生观、世界观。

在古典美学中，经常把"趣味"分开而论，称为"趣"或"味"。民国以后，"趣味"才被并用。在中国古代文化中，饮食文化占有极高的地位，因此古人十分重视"味"。古人认为，它不仅仅是指吃喝的食物，也指国家政治之事，"味"对人的精神发展和国家的稳定都起着重要的作用。《左传·昭公二十年》说："平其心，成其政"，在此，"味"已经具有政治意味，体现着某种精神内涵。在先秦以后，"味"开始被文学领域使用，王充在《论衡》中就用"味"比喻著作。魏晋以后，这种现象更是普遍。钟嵘在《诗品》中评价"五言"诗"是众作之有滋味者，"它能够使味之者无极地享受快感。近代以后，人们逐渐把"趣"和"味"连在一起使用，大多数美学家用"趣味"指代文学作品中的艺术魅力和审美感染力，并开始重视"趣味"的作用和意义。梁启超认为"趣味"和情感相关，他曾说："趣味是人类一切动作的原动力"。著名美学家朱光潜先生认为：喜好并知晓文学作品中的美妙之处就是趣味。李范认为，趣味即审美鉴赏能

力，它具有感性的品格，对人生有重要的作用。杜卫在《美育论》中说，趣味是指"审美的方向和抉择，是一种鉴赏能力和判断能力"。

审美趣味是指审美者对文学艺术作品的审美鉴赏爱好与审美判断能力。审美趣味培养就是对学生的审美爱好进行引导和升华的教育，它是审美教育的重要组成部分。作为一种情感性教育，它是审美者在理性学习美学知识的基础上形成的审美能力和正确鉴赏事物能力的教育，是一个情感陶冶的过程。其最终目的就是对学生的审美趣味进行引导和升华，使他们形成正确的审美观点，提高感受美、欣赏美和创造美的能力，培养其高尚的审美理想，塑造其健康的人格。

梁启超说："青年时期是人趣味最浓的时期，如果不将他们引向高等趣味，他们就一定会走入下等趣味。"初中生正值青年期，是趣味关注最浓的阶段，高雅趣味的引导和教育能够使正处于发展关键阶段的学生形成正确的审美鉴赏力和判断力。

二、古典诗词是进行审美趣味教育的重要课程资源

古典诗词作为优秀的传统文化，在古代就已经成为教育家教化人们的重要载体，即使在今天古典诗词对培养学生的综合素养和高雅的审美趣味，也仍然具有十分重要的作用，它依然是培养学生审美趣味的重要资源。

在《现代汉语词典》中"古典"和"诗词"的解释是：古典，即"古代流传下来的被认为正宗或典范的著作"，典范性是指能够作为学习和效仿的对象；"诗词"，即古体诗、近体诗、格律词的总称，它要求诗人与词人严格按照韵律的要求，通过精练的语言，丰富的情感和多义的意象反映当时的社会现状和诗人自己的内心世界。所以，古典诗词是古代流传下来的经典文学作品，代表着人类文化的发展，是中华文化的精华，是民族精神和民族文化智慧的体现。

（一）古代教育家都重视利用古典诗词进行教化

我国古代教育家十分重视利用古典诗词进行教化。孔子说："小子何莫学夫诗，诗，可以兴，可以观，可以群，可以怨。迩之事父，远之事

君，多识于鸟兽草木之名"①。朱熹也说："诗本性情，有邪有正，其为言既易知，而吟咏之间，抑扬反复，其感人又易入。故学者之初，所以兴起其好善恶之心，而不能自已者，必于此而得之"。②古代教育家重视诗词对学生的教育作用可见一斑。古代教育家认为学习古典诗词能够对人起到积极的影响作用，学诗能够培养人的想象观察力，能够从中学会做人做事的道理，能够了解认识大自然中的事物，最关键的是能够陶冶情操、提升个人的修养、树立正确的观念和人生态度，因此，教育家们将古典诗词作为教化人类、移风易俗、美化情感的工具，进而达到人们的政治教化、道德教化和情感教化的目的。

（二）古典诗词是进行审美趣味教育的重要资源

古典诗词是中华民族优秀文化的重要组成部分，是全面提高学生素养的有效载体，是对学生进行审美趣味教育的重要资源。古典诗词中具有丰富的审美因素，精炼的语言、诗意的意境、浓郁的情感，精深且富有哲理的思想，都给当代中学生提供了丰富的精神养料和情感资源，对培养初中生高雅的审美趣味，提高初中生的审美能力有着重要的意义，在实施素质教育，重视优秀传统文化的今天，古典诗词对教育学生仍具有不可替代的作用。

学习古典诗词，品味其中蕴含的社会美、人物美、自然美等，使学生在古典诗词的陶冶下得到美的教育，进而培养学生的审美情趣和审美能力，对于正值初中阶段的学生而言是十分必要的。

三、在诗词教学中对学生进行趣味培养的理论依据

（一）休谟的审美趣味理论

英国经验主义美学家休谟对如何培养和提高人的审美趣味提出了三点建议："第一，通过不断地训练予以提高和改善。他认为创作和鉴赏作品所需要的审美趣味，都可以经过训练获得。第二，通过比较提高自己的审

---

① 《论语·阳货篇》选自《论语》第十七章.
② 陈诚.语文教科书中诗歌选编刍议 [J].文教资料,2010(18):252-255.

美趣味。第三，放弃影响趣味判断的偏见。其一，要将自己欣赏的立足点放到作品创作的社会背景中；其二，要重视时间和空间的差异；其三，要重视理性的作用。"① 他认为造成审美趣味标准差异的原因主要有两个，一是个体内部的原因，二是个体外部的原因。个体内部原因，主要是指个体会因为思维角度和想象力敏感度的不同，导致趣味的差异。休谟曾指出："许多人缺少对美的准确体会的原因之一就是想象力不够敏锐，而这种敏锐更是传达较为细致情感的必要条件"。②

休谟的审美趣味理论强调，审美趣味可以通过后天的教育和训练进行培养，通过审美教育能够缩小人与人之间的审美趣味差异，将低级趣味提升到高级趣味。所以，教师在教授时要重视培养学生的思维能力和想象能力，让学生根据古典诗词精练的字句进行思维的发散，领悟古诗词完整的情境，感受其中独特的美，从而提升学生的审美趣味。

（二）艾迪生审美趣味理论

艾迪生是英国从经验主义转向新古典主义的作家和文学评论家，他拓宽了美学研究的领域，提出了培养审美趣味的三种方法："第一，精通最高雅作者的作品。第二，与高雅的天才人物谈话。第三，精通由古至今最杰出作家的著述"。③ 他强调对事物有正确的判断能力是提升审美趣味的首要条件，只有能够分辨出文学作品的优与劣，才能在众多文学作品中选出高雅的审美对象。因此，提升审美趣味还要具有审美想象力，审美想象是通过语言和非语言的表述，将审美对象具体化。这是审美者顺利开展审美活动必须要具备的一项重要能力和必要条件，通过想象能够使审美者对审美客体产生更深层的理解，领悟其中所传达的真正意义。在想象中得到最大的审美满足，从而受到美的熏陶。

---

① 李赫 . 休谟的情感主义伦理学探析 [D]. 吉林大学 ,2011.
② 李赫 . 休谟的情感主义伦理学探析 [D]. 吉林大学 ,2011.
③ 刘为 . 艾迪生的想象理论及其意义 [J]. 华中科技大学学报 (社会科学版),2001(03):9-12.

第二节　古诗词作品中蕴藏的审美趣味

在古典诗词教学中培养学生的审美趣味，首先要通过教学培养学生发现美、想象美、欣赏美的能力，使其能够发现古典诗词中特有的审美趣味；其次，教师在教学活动中通过语言美和非语言美的结合，使学生喜欢学习古典诗词，进而挖掘古诗词中的审美内涵，让学生体会其中的丰富意蕴和特有之美。

一、古典诗词具有独特的审美趣味

合辙押韵的音律，精炼简洁的字句，千姿百态的意境，丰富浓烈的情感，构成了古典诗词独特的审美趣味，也是古典诗词区别于其他文体的显著特征。

（一）音律美

音律是指文字声韵的规律。韵，古时作"均，本指和谐的声音"。在中国诗歌史上，诗与音乐有着密切的关系，当二者结合时诗依附于乐曲的节奏，当分离后，诗的韵律主要依靠语言声韵的变化，有着恒定的基本规律。在韵律上诗通常是隔一句或隔数句押韵，韵句是相同的韵母重复。"声律的变化是在律诗当中平仄相重相间，上下两联的入句和出句相错又相粘，一联以内的平仄相应相错"。声律与韵律的结合形成了诗词特有的音律美。诗词押韵除了有愉悦感官、声韵和谐，以及缓解阅读疲劳的作用，其更主要的目的是创造诗词的氛围和抒发诗人的情感，增强诗词的感染力。

古典诗词在句式和音韵上具有句式工整、合辙押韵、抑扬顿挫、节奏分明的特点，这也是古典诗词与其他文体不同的显著特征。在古代，节奏是指诗歌创作的法制的规定。古典诗词特有的音律节奏有益于学生的学习和朗读背诵。古代汉语文字基本都是一个音节，因此诗句字数相等也就构成了一种节奏。五言诗每句由五个字组成，七言诗每句由七个字组成。诗的另外一种节奏是由音节组合产生的，通常由两个或三个音节组合，如孟浩然的五言诗《过故人庄》：故人具鸡黍，邀我／至田家。绿树／村边合，青山／郭外斜。开轩／面场圃，把酒／话桑麻。待到／重阳日，还来／就菊花。白居易的七言诗《钱塘湖春行》：孤山／寺北／贾亭西，水面／初平／云脚低。几处／早莺／争暖树，谁家／新燕／啄春泥。乱花／渐欲／迷人眼，浅草／才能／没马蹄。最爱／湖东／行不足，绿杨／阴里／白沙堤。

　　朱光潜先生认为，"节奏是诗与乐的共同命脉"。[①] 袁枚也说："欲作佳诗，先选好韵。"[②] 由此可见，韵律是构成诗词的重要内容之一。平仄根据声调而确定，声调则是由音高的升降变化而形成。在诗词中平声和仄声有规律的分布排列、交替变化，形成了诗句中起伏变化的旋律美。古代声调分平声、上声、去声、入声四个调类，简称为四声。在古典诗词中，唐代的格律诗和宋代的词是非常注重平仄押韵形式的，给人以特殊的音律美感。如杜甫《春望》的平仄韵律：

　　国破山河在，城春草木深。仄仄平平仄，平平仄仄平。

　　感时花溅泪，恨别鸟惊心。仄平平仄仄，仄仄仄平平。

　　烽火连三月，家书抵万金。平仄平平仄，平平仄仄平。

　　白头搔更短，浑欲不胜簪。仄平平仄仄，平平仄平平。

　　李商隐七言绝句《夜雨寄北》的平仄韵律：

　　君问归期未有期，巴山夜雨涨秋池。平仄平平仄仄平，平平仄仄仄平平。

　　何当共剪西窗烛，却话巴山夜雨时。平平仄仄平平仄，仄仄平平仄仄平。

　　古典诗词这种特殊的音律美，不仅读起来朗朗上口，而且还会给人一种咀嚼不尽回味无穷的审美感受。如果教师能在教学过程中抓住古典诗词的音律之美进行引领，必定会给学生带来别样的审美感受。

---

① 李红心.论中国古典诗词意境的美学特征 [J]. 中州学刊,2008(05):275-276.
② 武晨雨，张立娜.从《随园诗话》看诗歌的"随意"性 [J]. 商品与质量,2012(S4):118.

（二）语言美

古典诗词中的语言具有丰富的内容。广义的内容是指作品体裁、结构和风格以及语言特色。狭义的内容主要体现在语言特色方面：一是语言简练，词汇丰富；二是采用多重修辞手法；三是灵活多变的句式；四是讲究韵律；五是语言风格多种多样。

闻一多说："中国诗词中的文字是紧凑到了最高限度的文字。"李笠翁在《闲情偶寄》中也说，"意期唯多，字期唯少"。古典诗词的本质特征就是言简意深，诗词中如果没有精炼的语言，也就失去了诗最基本的特性。

诗始于意而成于字句。诗词是语言艺术的精髓所在，古典诗词语言精炼的重要原因就是炼字，炼字的首要原则是恰当准确；其次是有新意；再次是在繁多的字词中选取最精准的。诗人在创作一首好诗时为了能够准确地传情达意，在字的选择上常常要经过反复的斟酌和推敲，所谓"吟安一个字，拈断数茎须；吟成五个字，用破一生心"，就是诗人为寻找最精确的字而殚精竭虑的写照。再譬如"客路青山外，行舟绿水前。潮平两岸阔，风正一帆悬。海日生残夜，江春入旧年。乡书何处达？归雁洛阳边。"（王湾《次北固山下》）诗人用拟人的手法形象地将"生"与"入"拟人化，把"日"和"春"当作是美好物象的象征，在描写自然景物之中蕴含着自然理趣和生活真理，别有情趣地表现出作者乐观积极的生活态度。例如，"无言独上西楼，月如钩，寂寞梧桐深院锁清秋。剪不断，理还乱，是离愁，别是一般滋味在心头。"（李煜《相见欢》），全词表达了词人在面对国破家亡时的悲伤苦闷之情。词中"锁"字具有丰富的含义，被"锁"的不只是院中的秋色，更是词人内心的思乡之情和亡国之恨。

语言是领悟美的最直接方式，美的语言也容易引发学生感知美的共鸣，古典诗词的魅力就在于能够运用生动优美、凝练含蓄的语言创造深邃幽远的意境，传达诗人情真意切的情感体验。如果在李煜《相见欢》的教学中，能抓住"锁"字进行分析，不仅能使学生感受到古典诗词的语言美，而且也能更好地感悟蕴藏其中的情感美。

（三）意境美

意境是中国古典美学的独特范畴。宗白华先生说："意境对于中国文化史和世界文化史有着重要的价值和贡献"。意境是艺术作品最高级的审美特征同时也是所有优秀作品的共同追求。王昌龄在《诗格》中说诗有三境："一是物境，二是情境，三是意境。"古典诗词是情感和景物的相互融合。王国维在《人间词话》中说："境非独谓景物也，喜怒哀乐亦人心中之一境界。"诗的意境美丰富多样，或雄浑高旷，或清新明丽，或宁静幽深。每一首古典诗词都是一幅或多幅天然的图画。景如亲历，感同身受，读诗者与作诗者也于此妙处达到了跨越时空的心灵沟通。因而，对古典诗词的审美首先要"入境"。只有进入诗词的意境之中，才能走入诗人的内心。如陶渊明的《归园田居》："种豆南山下，草盛豆苗稀。晨兴理荒秽，戴月荷锄归。道狭草木长，夕露沾我衣。衣沾不足惜，但使愿无违。"描绘了一个乡村劳作的静谧画面，非常生动地再现了诗人悠然自得的心情；"独坐幽篁里，弹琴复长啸。深林人不知，明月来相照。"（王维《竹里馆》）生动形象地描写了诗人隐居后的闲适生活，使读者仿佛能感受到皎洁的月光下竹林里清幽静谧的环境，领略"弹琴""长啸""明月"意象所表现的高雅脱俗宁静淡泊的境界。

"采菊东篱下，悠然见南山。山气日夕佳，飞鸟相与还。此中有真意，欲辨已忘言。"（陶渊明《饮酒》）则通过对自然景观的描写，勾勒出一幅别具特色的画面，使诗人从现实生活走向了虚空的境界之中，诗中创造的意境也自然地和人生联系在一起。一个固定的事物并不能将人的情感起伏呈现出来，唯有花草山河等自然万物才能够展现出人胸襟里的灵感气韵。古典诗词中的意境是诗人的情感和客观事物的融合，象征着诗人的主观情思。古典诗词中的意境美是诗人对现实美的再创造，其中包含了诗人的审美理想。诗中的每一个意象都具有感染人的力量。在教学中，教师引领学生赏析诗词中的意境美，是带领学生走进诗中的自然意境，感受诗人的思想境界，培养学生形成其独特审美情感的重要途径。

（四）情感美

情感是古典诗词的内核与生命。古典诗词因情感而夺目，每一首诗词都蕴含着作者深厚的情感。正如陆机《文赋》中所说："遵四时以叹逝，瞻万物以思纷，悲落叶于劲秋，喜柔条于芳春。"郭沫若也说："诗的本职是抒情。"在领悟诗词的醇美之中，最首要的就是体会其中的思想感情，因为它决定着诗词的美，古典诗词的审美本质是"诗缘情"。钟嵘在《诗品》中说："动天地，感鬼神，莫近于诗。"别林斯基说："没有情感就不会有诗人，也就更不会有诗的存在。"每首诗词的写作都是因为诗人对事或物产生了情愫。优秀的古典诗词，往往蕴含了诗人浓烈的思想感情，理解和感受诗词中蕴含的情感美更是提升学生审美趣味的重要方法。例如，马致远《天净沙·秋思》中"夕阳西下，断肠人在天涯"的游子思乡之情；诗经《关雎》中的男女爱恋之情；杜甫《春望》中"感时花溅泪，恨别鸟惊心"的渴望太平生活和忧国忧民之情；王安石《登飞来峰》"不畏浮云遮望眼，自缘身在此山中"的伟大理想和抱负之情，等等。诗词的审美教育是以情动人，通过诗人强烈的思想感情，进而引起学生情感上的触动和感动。

英国"湖畔派"的代表诗人华兹华斯认为诗的本质就是情感。他说："诗是强烈情感的自然流露"。白居易在《与元九书》中说："诗者，根情，苗言，华声，实义"。他把"情"比喻为诗的根，充分表明情感在诗词中的重要地位，没有情感的诗不能称之为诗，古典诗词是诗人感情的艺术呈现，有的传达诗人对自然景物的喜爱之情，有的表达诗人的高尚品格和赞扬之情，有的则是对社会丑恶现象的揭露。古典诗词教学是让学生在赏析优秀诗词中增强自己的审美体验，体味诗人的情感，感悟生命的意义，陶冶自己的情操，养成健康独立的人生观和价值观。

二、古典诗词教学中审美趣味培养的要求

通过古典诗词培养学生的审美趣味，教师首先要挖掘出诗词中具有丰富审美内涵的意象，在教学中运用优美的语言，辅之以符合教学需要的非语言形态，使学生感受到古典诗词中的独特韵味并体会其中之美。

（一）挖掘诗词的审美内涵

培养学生的审美趣味，教师首先要深入挖掘蕴含在诗词中的审美内涵。景和情的结合构成了承载诗词审美内涵的意象。在诗词中，"意指的是创作主体的主观情思"。象，即物象，是作为创作客体的客观事物。对诗人来说，象是审美对象，是与他的主观思想相呼应的客观相应物。一言以蔽之，意象就是主观情感与客观事物的融合。

　　意象既是诗人和词人情感的载体，也是审美的创造，经过文人墨客的吟咏，每一个意象都有其独特的象征意义和丰富的审美内涵。诗词中的意象种类繁多，根据内容大致可将其分为植物类、动物类、自然现象类等。

　　在古典诗词中常用的植物类意象有柳树、松柏、梧桐、花，等等。在古代，折柳送别主要有两层寓意，一是根据柳树易于存活的特点，希望友人和亲人能够在陌生环境中早日独立；二是借用柳字字音，寓意"挽留"，所以柳树有留恋、惜别、祝愿之意。如"此夜曲中闻折柳，何人不起故园情"（李白《春夜洛城闻笛》）。诗人在洛阳居住的晚上，听到了《折柳》曲调，思念家乡和亲人之情便油然而生；其中折柳就表达了诗人的思念之情。松柏象征着顽强、高洁的品格。松柏具有耐寒抗旱，四季常青，生命力旺盛的特点，象征着勇敢无畏，坚贞不屈的高尚品格。所以松柏经常出现在许多诗人词人的笔下。如"岂不罹凝寒，松柏有本性。"（刘桢《赠从弟》其二）全诗以松柏为主，通过赞扬松柏无畏严寒的精神，勉励其弟成为一个具有顽强品格的人。梧桐，具有孤独、忧愁之意。梧桐叶稀早落，风吹落叶，呈现出荒凉凄清的景象，因此梧桐多是表达作者孤独、凄凉情感的意象。如"无言独上西楼，月如钩，寂寞梧桐深院锁清秋。"（李煜《相见欢》）通过描写庭院内梧桐凄凉的景象，表达作为亡国君主的悲伤、哀痛、忧愁之情。

　　"花"，具有激昂向上，充满希望、惜春和时光流逝之意。自古以来，"花"都是文人墨客借以传达情思的意象，依据鲜花生长的自然规律，而被赋予了丰富的内涵，春天之花充满希望，象征着人生的成就与辉煌，表达诗人喜悦之情；然而凋零之花充满悲凉之感，暗示美好时光短暂，表达诗人苦闷之情。"无可奈何花落去，似曾相识燕归来。"（晏殊《浣溪沙》）此诗是一首伤春之作，诗人通过落花表达对春光流逝的惋惜感叹之情。"风住尘香花已尽，日晚倦梳头"。（李清照《武陵春》）全诗主要描写了一幅暮春之景，通过描写花已成土的情景，不仅借此表达词人的惜春之情，更借此表达了词人苦闷忧愁之情。

　　在古典诗词中常用的动物类意象有雁、燕子。"雁"具有思念和表达孤独之意。鸿雁象征着书信，鸿雁传书表达的是对亲人的殷切期盼，或者对在外漂泊之人的无限思念，秋季大雁奋力归巢，更会引起游子和归家无计的戍边战士的羁旅悲伤之感。"乡书何处达，归雁洛阳边"（王湾《次北固山下》），全诗抒发了一位漂泊的游子在面对青山绿水和飞行的大雁时，所产生的思乡之情，寄去的家书不知道何时能到达，只盼望归行的大雁能带到洛阳，将大雁喻为信使，寄托了自己的思亲之情。"塞下秋来风景异，衡阳雁去无留意"（范仲淹《渔家傲·秋思》）。通过不愿停留的大雁这一意象，把本就荒凉的边塞渲染的更加悲凉，表达了坚守在边塞战士的孤寂、伤感之情。燕子具有表达爱春、爱情、世事变迁之意。燕子回归是春天到来的信息，春天万物复苏，燕子也多被诗人作为赞美春天的意象；燕子秋去春回后仍不会舍弃旧巢，它见证了国和家的兴败衰亡，因此燕子多表达物是人非，家破人亡的悲愤之情。"几处早莺争暖树，谁家新燕啄春泥"（白居易《钱塘湖春行》）。此诗描绘一幅草长莺飞的春景图。几只黄莺争抢着栖息在向阳的树上，而刚刚归来的燕子正在忙着衔泥筑巢。通过燕子这一意象诗人将生意盎然的春景描写的生机勃勃，表达了对春天的热爱赞美之情。

在古典诗词中常用的自然类意象主要是月亮和云。月亮在诗词中多表达诗人羁旅乡思、苦闷忧愁之情，渲染幽静的环境气氛。在民俗文化中把月圆之夜定为元宵节和中秋节。这一天漂泊在外的游子都要赶回家中，所以月亮有圆满、思乡之意；因为月亮有阴晴圆缺的规律，所以也有人生不得意或缺憾之意；由于月亮自身皎洁，静谧的特点，因此又被多数诗人作为渲染安静环境的意象，借以表达闲适淡然的心境。"人有悲欢离合，月有阴晴圆缺，此事古难全。但愿人长久，千里共婵娟"（苏轼《水调歌头》）。此诗写于苏轼人生失意之时，此时又想到远在他方的弟弟，思念和惆怅之情不禁油然而生，但在看见月亮的变化时，想到了人生也有遗憾和失意之时，所以心情也变得豁达洒脱。"我寄愁心与明月，随风直到夜郎西"（李白《闻王昌龄左迁龙标遥有此寄》）。这首诗是诗人在得知友人被贬后所创作的，诗中以明月来寄托自己对友人的思念之情。"深林人不知，明月来相照"（《竹里馆》王维），主要描写了王维隐居的悠闲生活，用洁白的月光写出竹林清幽静谧的环境，表现诗人宁静淡泊的心境。"举杯邀明月，对影成三人"（李白《月下独酌》其一）。本诗主要写了诗人独自一人在月下饮酒的情景，无人相陪只能邀请明月和自己把酒言欢，通过月亮表达自己愁闷、孤独、凄凉的心情。浮云象征变幻无常、闲适自由、漂泊；因为云聚散无常的特点，在诗中经常被诗人赋予虚无缥缈的意蕴，在空中自由漂浮的云又象征着漂泊在外的游子。"浮云游子意，落日故人情"（李白《送友人》）。此诗是一首送别诗，诗人以浮云比喻游子，表达自己对即将远行人的不舍之情。"行到流水处，坐看云起时"（王维《终南别业》）。描写的是王维隐居终南山后的怡然自乐，随遇而安的生活状态。通过流水和云两个意象表现了诗人的闲适和自由。"锦江春色来天地，玉皇浮云变古今"（杜甫《登楼》）。诗人没有直接描写国家动乱的局势，而是借浮云的变化无常，暗喻国家的动荡不安。

一个意象在不同的古典诗词中可以有多种寓意，深入挖掘古典诗词中意象的丰富审美内涵，有利于学生学习理解古典诗词和体会作者的情感蕴藉。

（二）善用优美的教学语言

教学语言技能指的是教师向学生讲述教材、教授知识、给予指导、传达信息时所用的口头语言的教学行为能力。于漪老师认为，"好的口头表达能力是教师应该具备的，因为它不但能加强教学效果，还能培养学生语言的使用能力。教师要想使课具有吸引力和说服力，就要多学习语言的使用，在教学中时刻注意语言的使用艺术"。[①]处于初中阶段的青少年审美趣味正在发生改变，随着其身心的发展和接受事物水平的提高，他们的审美领域也在不断拓宽。首先，青少年的趣味开始向成人过渡。初中阶段的学生开始喜欢阅读带有深刻意义的文学作品，并能被简单文字背后蕴藏的深层含义所吸引。对于字简意多，对仗工整，意境优美的古典诗词也开始产生学习兴趣。其次，初中阶段的青少年随着情感世界的丰富，知识的增长，审美趣味开始变得多样化，他们的审美对象不仅仅是让他们产生愉悦感和审美感的作品，还有表达伤感、痛苦、忧郁等不同情感的文学作品。为了能使学生接触优秀的文学作品，培养学生的审美趣味，教师要善于通过自身的气质、丰富的知识，优美的语言表述吸引学生的学习兴趣。于漪提出，教师要使教学语言既对学生充满吸引力，又能让学生用心倾听，就必须做到词语丰富、优美生动。她说："教学用语和日常交谈中所用的话语是有差别的，它是经过改造的口头语言。教学用语是由生动的口头语言

---

① 卢杰.教师语言艺术技巧的实践表达方式探析 [J].白城师范学院学报,2015,29(Z1):75-77.

和严谨的书面用语组合而成的，使学生在充满语言美的课堂中受到潜移默化的熏陶和影响。"[①]

初中生注意力集中的时间虽然比小学生长久，但是与高中生相比在上课时还是会出现精神不集中，不专心听课的现象。为了改变这种情况，教师在授课时应尽量避免语言的枯燥和过于专业，靠的就是语文教师在传授知识过程中，善于运用妙语连珠的语言使学生得到充实的知识和心灵的震撼的语言魅力。

一首优美的古典诗词，如果教师在讲授和鉴赏时只会用贫乏苍白的语言照本宣科，不仅不会带给学生美的体悟，还会使整首诗失去其美的内涵。教师优美的语言有利于学生快速进入学习情境，并且增加其学习的兴趣，讲授古典诗词作品时，教师的语调和语言要充满感情也要有节奏感，具有诗情画意。在示范朗读中，应尤为注重古典诗词节奏和情感的把握，如果能读出诗词中传达的感情，将对学生产生强烈的感染作用，而鉴赏中具有丰富和诗情画意的语言，更易于将学生带入到古典诗词的意境中。

教师教学中的语言运用应根据古典诗词的内容特点而变化，如白居易的《望月有感》是一首抒情诗，主要描写了家庭在战乱期间经受的苦难和对兄弟姐妹的思念，表达的是诗人的感伤之情。因此，教学语言的运用应具有伤感的意味；而李白的《月下独酌》（其一）则主要表达了诗人的寂寞孤独凄凉之情，因此，教学语言应该感伤沉郁；白居易的《钱塘湖春行》主要是运用借景抒情的艺术手法描写早春时节西湖的景色，借以表达自然之美给予诗人的独特感受，以及诗人对早春的热爱之情。因此，教学过程中使用的语言也应该是轻松、欢愉的语言。

运用优美的教学语言能够对学生产生感染力和吸引力，能够有效地提高教师和学生在课上的教学与学习效率，取得良好的教学效果。古典诗词自身的语言就具有凝练优美、生动委婉的特点，所以在教学中，教师要善于通过形象生动的语言再现古典诗词中的美，引领学生去赏析品味蕴藏其中的语言美、道德美、哲理美……从而激发学生对美的追求和学习语文的趣味。

[①] 卢杰.教师语言艺术技巧的实践表达方式探析[J].白城师范学院学报,2015,29(Z1):75-77.

（三）巧用非教学语言之美

所谓非教学语言之美即指优美的教学姿态与动作。教师的教学体态作为表情达意的重要辅助手段，是教学活动中教师与学生交流感情的无形语言。符合教学需要的教态，可以为学生营构良好的学习情境，使学生快速进入到学习之中。语文教学中蕴藏着丰富的美育资源，古典诗词教学更是如此。《毛诗序》中写道："情动于中而形于言，言之不足，故嗟叹之，嗟叹之不足，故咏歌之，咏歌之不足，不知手之舞之，足之蹈之也"。

优美的教学姿态和动作，也是重要的教学手段之一。课上老师的热情能够使学生在思考和学习时带有高涨的情绪。在教学活动中，课堂上的氛围是对学生的学习兴趣和注意力产生影响的重要因素，好的课堂氛围有利于推进教学进程，提高教学效率并取得良好的效果。初中阶段的学生心理活动易情绪化，针对学生的特点，教师应该充分利用对语文、对文学、对学生的激情和热爱感染学生，调动学生学习的积极性，创建活跃的课堂，将学生带入到绚丽多彩的古典诗词世界中，感受"诗圣"杜甫的沉郁顿挫，"诗仙"李白的洒脱飘逸，体会古诗词中丰富的美感。教师高涨的情绪、期望的眼神、鼓励的手势、友善的微笑，都会让学生感到自由和放松，让不自信的学生敢于回答问题并表达自己的观点，在这种轻松和谐的氛围中学生的思维会变得活跃灵动，能精神饱满而愉快地学习知识。相反，教师如果带着消极的情绪走入课堂，其毫无情感的语言和不变的语调则会压抑学生的情感，使学生对语文学习产生厌恶甚至抵抗的情绪。

语文学科的特点是工具性与人文性的统一。于漪老师认为，"工具性指的是实用功能，即学生使用语言文字的能力；人文性是指文化功能，即对学生人生观念等方面的熏陶感染"[①]。在教授语文知识的过程中，只有老师的感情丰富才能对学生起到熏陶影响的作用，语文教学是在文本、教师、学生三者之间产生情感共鸣的活动，教师充满感情的传授知识，是发挥语文课程人文性性质的途径之一，能够对学生的感情起到感染的作用。《九年义务教育语文课程标准》中指出"语文课程中具有丰富的人文内涵，

---

① 卢杰.教师语言艺术技巧的实践表达方式探析[J].白城师范学院学报,2015,29(Z1):75-77.

它能够影响学生的精神世界，而学生对教材中作品的解读又是多元的，所以应当重视课程内容的价值取向，重视它对学生的教育和影响作用"。可见情感对文本和读者具有多么重要的作用。

古典诗词教学不仅是一种知识的教育，还是一种情感的教育。古典诗词本身就是情感的高度浓缩。所以老师在教授过程中应以情为基础，以自己的体悟之情来激发和感染学生的感情，使文本之情、教师之情和学生之情达到高度的融合，让学生在活跃的气氛中积极主动地学习，在愉悦的学习空间里激发学生学习古典诗词的热情，使其迸发出创造性的火花，创造出最佳的学习效果。

三、古典诗词教学中审美趣味培养的目标

培养和提高学生的审美趣味，首先要培养学生具有发现古典诗词中的美的能力；其次培养学生想象美的能力，对于古典诗词中精练的字句展开自己的想象弥补诗词中的空白；再次是培养学生欣赏美的能力，让学生在学习时获得美的享受。

（一）培养学生发现美的能力

培养学生的审美趣味首先要培养学生发现自然、社会、现实等美的能力，进而培养学生的审美能力，因为较高的审美能力有利于提高学生的审美趣味。虽然初中语文教材中的古典诗词都是精挑细选的精品，但其中的审美内涵却不会直观的展现在学生的眼前，这就需要学生具有发现美的能力和较强的审美能力。

诗歌具有音乐美和节奏感，朗读起来朗朗上口，悦耳动听。非读不能见其美，非读不能见其情，非读不能见其意。正如梁启超所说："趣味的增加和减少与器官有着密切的关系，感觉器官敏锐趣味就会增加，感觉器官迟钝趣味就会减少"。[①] 在教学中，教师可以通过朗读使学生体会诗词中的韵律美和情感美，在听觉器官的带动下使其视觉感官也活跃起来，在听觉器官和视觉器官的相互作用中，让学生自然地走入古典诗词的世界之中，领略诗词中的独特之美。在教学中，教师可以示范朗读，通过自己的

---

① 金雅. 梁启超"趣味"美学思想的理论特质及其价值 [J]. 文学评论,2005(02):148-153.

深度揣摩，让诗词中的情感在朗读中得以再现，使学生在情感上受到触动。在朗读时，教师要让学生注意听自己的语调和节奏以及情感的变化，如陆游《游山西村》中的千古名句"山重水复疑无路，柳暗花明又一村"，"又一村"是重音部分，它表现出人在遇到困难后，见到希望的喜悦之情。在朗读"共看明月应垂泪，一夜乡心五处同"（白居易《望月有感》）时，语调则应是缓慢悲伤的，因为此诗是诗人在国家饱受战乱之时所作的，以此表达自己的思亲之情。

也可以通过分析诗句中凝练的语言，培养学生对语言文字的直觉感知力，王维《使至塞上》中"大漠孤烟直，长河落日圆"。其中"直"和"圆"将大漠的广阔之景生动的描绘出来，在教学过程当中，可以抓住对诗词中的关键字词的剖析，培养学生发现美的能力。

发现美的能力是学生和审美对象发生审美关系的首要条件，没有发现美的能力，也就不会构成审美活动。教师除了在古典诗词教学中培养学生发现美的能力，在学习其他文本和日常生活中也应该注重培养学生发现美的能力，例如春季时花的各种鲜艳颜色，秋季时金色的落叶等这些视觉的刺激，都可以引起学生的情绪反应，为学生的审美活动提供条件。

（二）培养学生想象美的能力

想象力的培养是美育的重要功能之一。审美想象是通过融入个人情感体验而对审美感知材料进行的加工，进而创造出的一个全新的审美意象世界，简言之它就是在心底唤起意象。显而易见，想象在审美活动中具有十分重要的作用，没有想象就不能够创造出新的作品，也就不会有人们对作品的审美鉴赏力。

古典诗词中反映的社会生活现象与表达的感情和生活，对生活在当下的学生来说却有很长的时间距离，学生很难根据几句诗句就走入诗人描写的意境之中，感受诗人当时的感情，所以学生在学习时就要有一定的想象能力。想象力是将诗词的实境转化为虚境，再转化为自己的心境。在教学中，教师可以依据"知人论世"的教学方法，将学生带入到诗词写作的背景之中，在了解当时的社会背景和诗人经历的基础上进行想象，准确地体会诗人的思想感情。例如王维《竹里馆》"独坐幽篁里，弹琴复长啸。深林人不知，明月来相照"。诗中虽然没有刻意描写景物，也没有抒发诗人情感的句子，但可以在知人论世的基础上引领学生展开想象。告诉学生该诗是诗人在晚年隐居时创作的，诗人早年信佛，思想超脱，在40岁之后便处于半隐居的生活状态，因此在晚年时经常独自一人坐在清幽茂密的竹林中，通过弹琴抒发排解寂寞之情。引导学生在了解该诗的写作背景和诗人的生活经历后，去想象诗人独坐竹林俯身弹琴的画面，从而体会诗人淡泊宁静的追求。马致远《天净沙·秋思》中的枯藤、老树、昏鸦、小桥、流水、夕阳等都是单一的意象，在教学时，教师可以首先让学生调动自己的想象将诗中的意象组合起来，在脑海中想象或者在纸上画出这一诗情画意的画面，通过想象学生就会发现意象色彩渲染出的忧愁氛围，之后教师再介绍本诗的写作背景和诗人的经历，在此基础上理解诗人的感情，学生就能更加清楚地理解诗人的思乡之情和孤独之感。

艺术作品和文学作品能产生强烈的审美效果，就是因为能够调动审美者的想象力，使审美者领悟到作品的象外之旨，发现表象下的深层意义。

陆机《文赋》中的"观古今于须臾，抚四海于一瞬"，正是对想象力作用的生动描述。古典诗词中蕴藏的审美想象空间就犹如一座桥，桥的这边是读者，桥的那边是诗人，想象就是连接读者与诗人之间的桥梁，读者要真正的和诗人在精神上达到契合，在赏析古典诗词时就必须驱遣自己的想象，走入所描写的意境之中，才能深刻的感悟到诗人的感情。

（三）培养学生欣赏美的能力

欣赏是指领略令人喜欢和愉悦的事物中的趣味。在教授古典诗词时，教师经常强调对重要词句的背诵和理解，往往忽视了对学生欣赏能力的培养，岂不知古典诗词自身的艺术魅力对学生有着感染作用，恰恰是培养学生欣赏美的能力的重要资源。因此，在教学过程中教师可以从古典诗词的意境角度去培养学生欣赏美的能力。古典诗词中的意境是诗人的主观情感和客观情景相融合而形成的艺术境界。例如，吴均《山中杂诗》中的："山际见来烟，竹中窥落日。鸟向檐上飞，云从窗里出。"此诗是诗人在隐居时看到的景象，运用情景交融的写作手法生动逼真地描写了山中景象的优美，营造出幽远清静的意境，表现了作者宁静淡泊的心境，抒发了对自然的赞美和喜爱之情。在学习时，教师可以利用诗中生动诗意的意境调动学生的感官培养学生的欣赏能力。语文教材中每一首古典诗词都是精美的艺术品，所以教师应该使学生在学习的过程中受到诗词美的感染与熏陶，进而提高学生的审美趣味。

第三节　初中古诗词教学中审美趣味培养的策略

在古典诗词教学中培养学生的审美趣味，首先要激发学生的学习兴趣，让学生真正的喜欢并且愿意深入地探究与学习；其次，在教学过程中教师要使学生领会到古典诗词的音律美、语言美、情感美、意境美；再次，在引导学生学习鉴赏古典诗词时，应鼓励学生进行多元解读并表达自己对诗词的独特理解与体会；最后，通过不断地扩展阅读范围，培养学生健康的审美趣味。

一、意象审美，激发学生学习古典诗词兴趣

兴趣是学习的最好老师，只有学生喜欢所学习的内容，才能够对其进行深入地了解和研究，学习古典诗词更是如此，教师要善于利用古典诗词中的各种美感，激发学生的学习兴趣。

（一）准确分析古典诗词中的意象，激发学生学习兴趣

意象是诗人情感体验的直接产物，是诗歌表情达意的重要载体，准确地分析解读意象，才能准确把握诗人蕴含其中的思想感情，领会诗词的真实意味。所以，通过意象分析来引领学生领悟诗词中的意境，是激发和调动学生学习兴趣的重要环节。例如对"吊影分为千里雁，辞根散作九莲蓬"（白居易《望月有感》）的意蕴分析，可以从大雁的习性方面引导学生分析雁意象的象征寓意，雁是喜欢群居的鸟类，但也有失群之雁独自在空中哀鸣，所以诗人在遭遇壮志难酬，独自一人时，也会把自己的孤寂忧伤之情寄予鸿雁。此句中诗人就是借孤独的大雁和蓬草两个意象，抒发自己与亲人天各一方时的孤苦悲伤之情。

（二）运用语言描述引导学生想象，调动学生学习兴趣

古典诗词独特的审美特色之一就是具有语言之美，诗词语言的精练简洁为读者的想象留下了广阔的空间。在教学过程中，教师可以通过生动形象的语言描绘意象，调动学生的想象力和学习兴趣，使学生快速地融入到诗词的情境之中。如在讲授白居易的《钱塘湖春行》时，可以先给学生提供春水、早莺、新燕、花、草、杨柳等意象，再描述由意象组成的画面，清澈碧绿的湖水、湛蓝天空的白云、争抢暖树的黄莺、忙碌筑巢的新燕、缤纷多彩的春花、繁盛茂密的浅草、吐露新芽的杨柳，平坦修长的沙堤等，让学生在脑海中想象这几幅画面，并根据自己的想象和体会来回答诗词中营造的生机勃勃的清新而自然的春景图意境。通过调动学生的想象力，激发学生学习兴趣，使学生积极地参与到学习当中，为深入理解诗词作品的审美意蕴奠定基础。

（三）利用诗配画的直观教学手段，激发学生学习兴趣

在教学中运用多媒体教学将意象组合的图画直观地展现给学生，刺激其感官，吸引学生注意力，使其身临其境。学习王维的《使至塞上》时，可以利用多媒体将"大漠孤烟直，长河落日圆"中的"孤烟"与"落日"组合成的画面展现出来，让学生直观地感受到边陲沙漠中壮观雄浑的景象。在无边无际满是黄沙的大漠之中，天空中没有一丝云影，更没有草木的存在，只有一缕白烟缓缓升起，为大漠增添一丝生机；在傍晚时分，一轮红日低垂在河面之上，此时河面波光粼粼，整个大漠的景观雄奇瑰丽。利用诗配画的直观教学手段，集中学生的注意力，使学生快速地进入学习的情境当中。

古典诗词与其他文学体裁不同，没有丰富的故事情节，诗人词人的情感只能寄托在意象之中，通过托物言志，情景交融等表达方式含蓄地表达出来。所以教师要善于通过诗词中的意象吸引学生的注意力，使学生融入情境之中，体会诗词的独特奥妙。

二、意境感悟，深入挖掘古典诗词中的四美

近代美学家王国维先生认为，诗词作品"有境界则自成高格，自有

名句"。古典诗词最重要的艺术特点之一就是境界美。古典诗词中的意境，是诗人和词人通过意象创造的灵境。音律的和谐、语言的精练、感情的含蓄隽永都是构成古典诗词意境美的元素。因此，在教学中必须从理解古典诗词音律的和谐、语言的精练、情感含蓄隽永的角度入手，引导学生去感悟意境之美。

（二）辨析古典诗词音律，引导学生感受意境之美

黑格尔认为，诗的音律能为诗人的构思及其结构的感性美界定出一种较固定的轮廓和声音的框架。《毛诗序》中也说"情发于声，声成文谓之音"。可见诗词中的韵律对古典诗词审美意蕴的理解具有十分重要的作用。诗人创作诗词时选用的不同音律能够表达出不同的情感，使读者能够在朗读中感受到独特的诗词境界和诗人情感。

在学习一首新诗时，可以让学生在反复朗读中感受音律的变化，感受意境之美并品味蕴含在其中的思想感情。例如，李清照《声声慢·寻寻觅觅》"寻寻觅觅，冷冷清清，凄凄惨惨戚戚。乍暖还寒时候，最难将息。三杯两盏淡酒，怎敌他、晚来风急？雁过也，正伤心，却是旧时相识。满地黄花堆积。憔悴损，如今有谁堪摘？守着窗儿，独自怎生得黑？梧桐更兼细雨，到黄昏、点点滴滴。这次第，怎一个愁字了得！"整首词中词人用入声韵和"寻寻""觅觅""冷冷""清清"等多个叠词营造出了冷漠凄清的意境，加强了抒情效果表达了词人惆怅忧郁之情。

（二）辨析古典诗词语言，引导学生领悟意境之美

古典诗词是语言的艺术，诗人经过不断地锤炼将抽象的文字转化为诗意化的语言，创造出了自然典雅、雄浑旷达的意境，所以赏析诗词中凝练的语言是引导学生体会意境美的有效办法。例如，岑参的《白雪歌送武判官归京》："忽如一夜春风来，千树万树梨花开。诗人用数量词将古典诗词中的意境更加真切的再现在读者眼前，诗中将冬景比拟为春景，更用"千""万"两个数字不仅写出了冬季大雪纷飞的情景，更生动形象地写出了雪景的壮丽景观，具有浪漫色彩。辛弃疾的《西江月》："七八个星天外，两三点雨山前，旧时茅店社林边，路转溪桥忽见。"词人用数量词"七、八"和"两、三"再现了乡村夜晚时的朦胧景色，营造出宁静之美的意

境。显而易见，精练准确的语言是意境形成的重要因素。因此，引领学生感悟古典诗词的意境，可以从剖析诗词中的语言美入手。

（三）辨析古典诗词情感，引导学生体验意境之美

诗人和词人创作的诗词都是其感情的自然流露。意境由意象构成，在诗词中诗人借意象营造符合自己情感的意境，使读者在意境之中领悟诗人的情感，体会诗词"言有尽而意无穷"的隽永之味。古典诗词的精妙之处就是意外生意，境外见境，诗词含蓄隽永的境界更是在客观意象中蕴含了主观情感，在有限字句内含无尽之意，在逻辑理性中见朦胧感，每一首优秀的古典诗词，都有含蓄隽永的意境美，如"独怜幽草涧边生，上有黄鹂深树鸣。春潮带雨晚来急，野渡无人舟自横。"（韦应物《滁州西涧》）诗人以黄鹂、雨等作为意象营造出凄清孤寂的意境，表达了诗人忧伤之情。如晏殊《浣溪沙》："一曲新词酒一杯，去年天气旧亭台，夕阳西下几时回。无可奈何花落去，似曾相识燕归来。小园香径独徘徊。"则通过夕阳、落花、燕等意象，描写了暮春时节小园内的景象，构造了悲凉的意境，表达了诗人伤春和哀愁之情。在诗词表层意义之外蕴含着言外之意。

在带领学生感悟古诗词意境之时，也是对诗词的音律美、语言美和情感美深入赏析的过程，通过对精美凝练的语言赏析，能够调动学生丰富的想象能力，再现诗词中描绘的情景和营造的意境，从而细细地体会其中所表达的情真意切。

三、画龙点睛，鼓励学生多元解读古典诗词

多元解读是在不脱离文本情况下用正确的情感和观念，从多个视角对古典诗词的主题和诗人的情感进行的解读。语文课程所具有的人文性特点，使教师在教学中可以运用多种方式让每一个学生的思想都活跃起来，使其乐于学并勤于学，从而积极地参与到课堂的学习中。

（一）为学生提供古诗词的具体材料，帮助学生多元解读

任何文本的存在都和作者的生活背景、当时社会盛行的文化、生活的经历以及人生观价值观有着密切的联系，所以，在学习古典诗词时应该为学生提供与诗词和诗人相关的社会背景、人物介绍、他人的评价等。

　　为学生提供丰富的材料，有利于学生从多种角度赏析诗词，也能更加准确的感受诗词。例如，诗经中的《关雎》"关关雎鸠，在河之洲。窈窕淑女，君子好逑。参差荇菜，左右流之。窈窕淑女，寤寐求之。求之不得，寤寐思服。悠哉悠哉，辗转反侧。参差荇菜，左右采之。窈窕淑女，琴瑟友之。参差荇菜，左右笔之。窈窕淑女，钟鼓乐之。"赏析时就可以从诗经中描写的内容和古代采集诗歌的目的来学习和解读。该诗描写的是男子在河边被美丽善良的姑娘所吸引，对其产生爱慕之情，以至于在梦里仍追求和思念着姑娘，这是一首歌颂美好爱情的诗，表达了人们对美好爱情的向往。所以学习本首诗时可以引导学生从内容的角度概括本诗。也可以从古代采集诗歌的目的角度引领学生进行分析，了解本诗创作的目的是娱乐和教育人们，《关雎》是一首婚俗教化诗，主要是描写"君子"和"淑女"之间的爱慕之情，起到教化人们思想的作用。诗中主要是写男子对女子的追求，但其中追求与爱慕只是"辗转反侧"的思念，并没有做出逾越的行为，这种爱情是有分寸的深厚感情，表现了君子的儒雅风度。

（二）采用自主合作探究的学习方式，鼓励学生多元解读

　　让学生真正掌握主动学习的权力，使学生成为课堂中的主体，让学生在平等和谐的气氛中学到知识。正所谓"诗无达诂"，当学生们在赏析同一首诗时，由于生活经历，想象力等方面的差异会有不同的解读，从中受到的感悟和启迪也会不同，因此，在阅读作品时教师应让学生从已有的经历和视角去感受作品，重视学生在解读过程中产生的创造性思维火花；尊重学生在阅读时产生的独特理解与感受，在教学中重视培养学生的想象能力，扩大学生的思维空间。即使教师有着广阔的知识视野，也有着丰富的阅历，对于诗词的解读赏析也更加准确，但也不能用自己的一元解读标准禁锢学生们的多元解读，或越俎代庖地代替学生解读。

　　因此在课堂上教师可以采取自主合作探究式的教学方法，以小组的形式让学生对古典诗词进行探讨赏析，使学生在和他人的合作与交流中学会学习并进行思维的碰撞，让所有的学生都能够积极主动的学习，也让每一个学生都有表达自己观点的机会，让学生在平等融洽的合作学习中共同赏析诗词，既能够让学生养成勤于思考的好习惯，同时也能锻炼和展现学生的语言表达能力。

（三）高效利用课堂的有效教学时间，引领学生多元解读

通过课前预习的方法让学生先掌握诗词中的基础知识，充分利用课上时间引领学生从诗词的题目、诗词的重点字句、诗词的内容、诗人的情感等多个角度进行鉴赏。如讲授"锦瑟无端五十弦，一弦一柱思华年。庄生晓梦迷蝴蝶，望帝春心托杜鹃。沧海月明珠有泪，蓝田日暖玉生烟。此情可待成追忆，只是当时已惘然。"（李商隐《锦瑟》）时，教师可以引导学生从两方面对本诗进行解读分析，通过诗中运用的典故或诗中的词语引导学生进行解读。一是诗人悼念妻子，运用典故比喻死去的妻子，在尾联抒发自己的情感。二是追忆已逝的年华，用"五十弦"比喻自己已过的时间，认为曾经的所有都是回忆，一切都是惘然。

多元化的解读课堂是充满张力的，它不但能够开拓学生的思想，还能拓展学生的成长空间。鼓励学生多元解读，有利于促进学生的个性发展和创造能力的发展，使学生在学习过程当中获得更多的体验并感受到语文课堂的丰富多彩，进而增加对古典诗词的学习兴趣。

四、举一反三，扩大学生阅读古典诗词范围

休谟在培养学生审美趣味的方法中说："审美趣味可以通过不断的训练予以提高和改善。他指出在一个领域内不断的练习和鉴赏一种类型的美是培养审美趣味的最佳方法。审美感官在经过反复地锻炼后会变得极尽完美，所以最后就能够判定出所有作品的长处"。[①]通过古典诗词培养学生的审美趣味，就要让学生大量的鉴赏分析古典诗词，通过不断地训练，培养和提高学生的审美趣味。

（一）利用教学中的导语扩大学生学习范围

在学习古典诗词时，教师可以利用与所学诗词相同相异的诗词或与诗人相关的诗词导入新课。通过简单分析导语所用的诗词，扩大学生的学习范围，增加学生古诗词的积累。譬如学习李清照《武陵春》"风住尘香花已尽，日晚倦梳头。物是人非事事休，欲语泪先流。闻说双溪春尚好，也

---

① 　陈昊．权威与认同——简论休谟"趣味标准"美学思想 [J]. 哲学动态 ,2016(08):91-96.

拟泛轻舟。只恐双溪舴艋舟，载不动许多愁"这首词时，就可以用词人早期创作的诗词《减字木兰花·卖花担上》，"买得一枝春欲放。泪染轻匀。犹带彤霞晓露痕。怕郎猜道。奴面不如花面好。云鬓斜簪。徒要教郎比并看"这首词导入，《减字木兰花·卖花担上》描写的是词人新婚后的一个情景，此时李清照与丈夫正是新婚燕尔，对爱情充满着无限的热情，通过对日常生活的生动描写表现出词人的欢快愉悦之情。通过对导语诗词的简单学习和介绍能够为学生后面的学习做好铺垫，为学生快速地进入学习状态打下良好的基础。

（二）采用对比教学方式扩大学生阅读范围

将同一诗人不同时期的两首诗词进行对比教学，使学生在寻找两首诗词的异同过程中提高学习的兴趣，培养学生的学习能力。如在学习杜甫的《望岳》"岱宗夫如何？齐鲁青未了。造化钟神秀，阴阳割昏晓。荡胸生层云，决眦入归鸟。会当凌绝顶，一览众山小"可以和《登高》"风急天高猿啸哀，渚清沙白鸟飞回。无边落木萧萧下，不尽长江滚滚来。万里悲秋常作客，百年多病独登台。艰难苦恨繁霜鬓，潦倒新停浊酒杯"进行比较学习。首先，从题目、作者、内容、表现手法引领学生分析两首诗的相同之处。从《望岳》和《登高》的题目比较中能够明确两首诗都是以山为背景，一个是望山，另一个是登山；两首诗都为杜甫所写；两首诗中都描写了自然之景，诗人运用借景抒情和情景交融的表现手法表达自己的情感。其次，从写作背景、内容、情感角度带领学生分析比较这两首诗的不同之处，《望岳》是诗人在青年时期创作的，此时的杜甫充满了豪情壮志；《登高》是杜甫的晚年之作，杜甫在此时经历了仕途的打击，目睹了国家的衰败，晚年潦倒穷困，疾病缠身。《望岳》主要描写了泰山气势磅礴的景象，通过诗人的远望、近望、凝望写出了泰山美不胜收的景色，既表达了自己对祖国山河的热爱与赞美之情，也抒发了诗人傲视一切的雄心壮志。《登高》主要描写了诗人登高之后所见的秋季之景，通过描写秋季江水和落叶的悲凉之景，表达诗人羁旅之愁和孤独忧伤之感。

（三）通过布置课后作业扩大学生阅读范围

课上学习完一首诗后，教师可以给学生推荐一首相似的诗词让其在课下自学，这样不仅能够扩大学生的古典诗词阅读范围，还能够培养学生的自学能力。譬如学习王勃的《送杜少府之任蜀州》"城阙辅三秦，风烟望五津。与君离别意，同是宦游人。海内存知己，天涯若比邻。无为在歧路，儿女共沾巾。"此诗是在友人即将去四川上任时，诗人在长安与其临别时为其所作的送别诗。全诗没有离别时的悲伤之情，而是以劝慰为主，表现了诗人开朗的胸襟，体现了友人之间的真挚友谊。颈联更是成为了展现友人间深厚情意的千古名句，"海内存知己，天涯若比邻"，距离的遥远分不开知己，真挚的友谊也不会被时间和空间所阻隔，表现了诗人的乐观豁达。在学习完本首诗之后，为学生推荐一首岑参的送别诗《白雪歌送武判官》"北风卷地白草折，胡天八月即飞雪。忽如一夜春风来，千树万树梨花开。散入珠帘湿罗幕，狐裘不暖锦衾薄。将军角弓不得控，都护铁衣冷难着。瀚海阑干百丈冰，愁云惨淡万里凝。中军置酒饮归客，胡琴琵琶与羌笛。纷纷暮雪下辕门，风掣红旗冻不翻。轮台东门送君去，去时雪满天山路。山回路转不见君，雪上空留马行处。"两首诗都是送别诗，本诗是诗人在第二次出塞送武判官返回长安时所作的诗。诗中前部分描写西域雪景的壮阔，后部分写傍晚送别友人，全诗主要通过描写塞外八月飞雪的奇丽雪景和塞外送别友人的情景，表达诗人对朋友的不舍之情和朋友离开后独自一人的惆怅之感。

学习任何一种技艺都需要认真观察和勤加练习，学习古典诗词也是如此。单靠学生在课上学习的诗词数量，是不能够提高学生对古典诗词鉴赏力的，量的积累才能达到质的飞跃，要真正地提高学生对古典诗词的鉴赏力，教师应该为学生推荐符合学生知识水平的古诗词，进而培养学生的审美能力和审美趣味。

五、读写结合，感悟创作美

（一）古诗词教学读写结合的必要性

古诗词教学是品味的教学，是欣赏的教学，是创造的教学。在教学中采用读写结合的方式能够使学生从阅读中联系自己，加深体验与感悟，写出有自己思考的内容。古诗词具有丰富的价值内涵可供鉴赏与创造，因此教师在教学过程中应当将诵读与写作的训练结合起来，运用读写结合的方法锻炼学生听、说、读、写的能力，全面提升学生的语文素养。

在语文教学中，读写结合是培养学生审美想象力的重要方法之一。学生可以在理解课文的基础上进行创造想象，通过文字的形式对想象之境加以描绘。通过这种方法，学生进行创造与想象，不仅丰富了原有诗词的内容，使学生进一步理解了诗词的情感与内涵，而且还能提高学生发现美、欣赏美、创造美的审美能力。教师在运用读写结合的方法时，应当根据文本内容采取不同的写作训练方法，根据不同的训练方法使学生发挥想象力，书写自己的所思所感。

（二）读写结合的不同方式

1. 续写

相当一部分初中语文教师认为初中生不具有写诗的能力，认为学生连诗词都背不过，怎么会自己创作出来。教师们不相信学生，加之应试默写的要求，所以教师几乎不组织学生进行诗歌创作。

事实上，初中语文教师在古诗词教学时可以在诵读的基础上引导学生想象诗人的未尽之意，结合生活现实，进行续写练习。在续写之前，教师要有意识地给学生讲解古诗词的格律特点，让学生懂得续写创作的一些规定与要求，不盲目地创作。教师应当告诉学生续写除了可以对原有诗词描述的形象进行补充，还可以根据原有诗词的内容，展开想象，结合个人经验进行构思。只要不违背诗词的原有内容，毫无根据地编造，而是将自己的续写与原有诗词内容进行融合，成为一个整体，就是成功的续写。

2. 改写

很多初中语文教师缺乏让学生创作的意识，他们习惯于自己滔滔不绝，即便观念转变，让学生表达自己的观点，也没有让学生创作书写的意识。一部分老师虽有让学生改写的意识，但又认为学生的改写是对古典诗词的破坏，认为学生怎么写也写不出原有的韵味。

而改写是训练学生审美想象力的一种很好的形式。改写即在原有文本内容的基础上，读者根据个人感受与经验所作的创作。比如教师在教《茅屋为秋风所破歌》时，可以让学生进行改写，将诗歌改为现代剧本，让学生进行合理想象，设计情节与画面。改写除了变换文体外，还可以在原有基础上扩充诗词的内容，进行改编。

改写需要教师引导学生了解诗词的情节及内容，体会其中的情感内涵，结合自己的体验选取有用素材，进行改动书写。人称和语言的运用，也要恰当处理。通过改写，学生细读了文本，进行了深入分析，将自己的感情投入到创作中，发挥了想象力。这样一种方式，使学生在创作中获得了审美体验与享受，同时也提高了学生的审美能力。

3. 仿写

仿写是创作的第一步，仿写需要按照已有句子或段落的特点进行仿照和书写。教师指导学生创作诗句最好的方式就是指导学生仿写。在仿写的过程中学生掌握了诗歌的格律、技巧、表达方式等特点，了解了诗词创作的要求与规律，在不知不觉中感受到古诗词的创作之美。如教师在讲《行路难》时让学生仿写，迅速激发了学生的创作热情，写出了《考试难》《数学难》《回家难》等出色作品。

在仿写的过程中，学生将自身经历与古诗词联系起来，拉近了与古诗词间的距离，激发了学生的学习兴趣，实现了学以致用的学习目标。不仅如此，仿写还能锻炼学生的模仿能力，在平时的训练中为做仿写题打下基础。

古典诗词是凝练的艺术，它具有自身独特的魅力。初中语文教师面对一群独具个性、情感丰富且富有创新精神的学生群体，在古诗词教学中，要鼓励学生、引导学生发挥想象力，结合古诗词的特点创作出富有个性的作品。让学生在古典诗词的创作中获得成就感与美的享受，不断放飞个性，遨游在诗情画意的艺术殿堂。

参考文献

[1] 陈兴瑞.探讨审美教育在初中语文新诗教学中的运用 [J].科教文汇（下旬刊），2019（09）：156-157.

[2] 耿怀青.浅析初中语文古诗词教学改进策略 [J].中国校外教育，2019（19）：130-131.

[3] 张翠珍.初中语文教学与审美情感培养探究 [J].汉字文化，2019（11）：113-114.

[4] 中国版本图书馆月度 CIP 数据精选 [J].全国新书目，2019（05）：32-152.

[5] 李绍艳.浅析初中语文古诗词教学的基本方法 [J].文化创新比较研究，2019，3（11）：186-187.

[6] 宋端凯.本立而道生——浅谈初中古诗词审美意象教学 [J].中学语文教学参考，2019（Z2）：56-58.

[7] 王瑞玉.初中语文古诗词情境教学研究 [J].基础教育研究，2018（23）：48-50.

[8] 苏晓明.中学语文古诗词教学与传统民族文化的融合 [J].中国民族博览，2018（08）：100-101.

[9] 秦锁萍.初中语文古诗词教学如何培养学生的认知能力 [J].教育现代化，2018，5（19）：360-362.

[10] 夏珍华.审美视野下的初中古诗词教学 [J].语文教学通讯·D刊（学术刊），2017（12）：46-48.

[11] 付彩峰.古典诗词教学与人文素养培养 [J].中学语文教学参考,2017（12）：19-20.

[12] 顾振彪.文言文教学的问题与对策 [J].课程.教材.教法，2016，

36（05）：3-13.

[13] 苏玉敏．初中语文古诗词教学的有效策略研究 [J]．中国校外教育，2016（09）：7.

[14] 陈军民．古诗词朗诵对初中语文口语训练教学策略的影响研究 [J]．语文建设，2015（29）：6.

[15] 郭弘钿．浅谈初中语文教学中的古诗词教学现状及对策 [J]．现代阅读（教育版），2013（02）：132.

[16] 唐舒敏．品味古典诗词意蕴传承中华文化精髓——从传统文化视野谈初中语文古诗词的教育功能 [J]．福建教育学院学报，2014，15（02）：47-49.

[17]．中国版本图书馆月度 CIP 数据精选 [J]．全国新书目，2013（11）：82-300.

[18]．中国版本图书馆月度 CIP 数据精选 [J]．全国新书目，2013（10）：94-300.

[19] 李晓侠，吴青文．浅析初中诗词教学中学生审美情趣的培养 [J]．语文建设，2012（04）：5-6.

[20] 欧阳小珑，李维娜．初中古诗词教学探析 [J]．中国校外教育，2011（09）：56+41.

[21] 胡杨．"部编本"初中语文教材古诗词选编及教学研究 [D]．内蒙古师范大学，2019.

[22] 陈金碧．古诗词教学中审美情趣养成研究 [D]．贵州师范大学，2019.

[23] 孙芳芳．"部编本"初中语文教材古诗文选编及教学策略研究 [D]．天水师范学院，2019.

[24] 秦燕．初中语文古诗词诵读教学研究 [D]．重庆师范大学，2019.

[25] 李俊莹．基于语文核心素养下的初中古诗词教学研究 [D]．沈阳师范大学，2019.

[26] 邵婉．基于混合学习模式培养审美情趣的初中古诗词教学设计研究 [D]．温州大学，2019.

[27] 郭燕．统编本初中语文教材古诗词选编研究 [D]．上海师范大学，2019.

[28] 张守英．核心素养视域下的初中古诗词教学研究 [D]．山东师范大学，2018.

[29] 杨书路．基于提升学生主体意识和能力的初中古诗词教学探索 [D]．天水师范学院，2018.

[30] 矫艳.聚焦核心素养培养的初中古诗词教学研究[D].渤海大学，2018.

[31] 李莹.初中语文诗词教学中的认知能力培养[D].河北师范大学，2017.

[32] 莫芹琴.人教版高中语文教材古诗词选编与教学研究[D].南京师范大学，2017.

[33] 陈萍.困境·出路·改革设想[D].江西师范大学，2016.

[34] 郑丽娟.思想品德课教学中古代诗词运用研究[D].福建师范大学，2016.

[35] 郑莹.意象在诗词教学中的运用策略研究[D].苏州大学，2016.

[36] 李晨晨.人教版初中语文教材中古诗词的选编研究[D].中央民族大学，2016.

[37] 徐艳秋.初高中现代诗歌教学的对接研究[D].重庆师范大学，2016.

[38] 侯香香.初中语文古诗词教学中的情感体验问题研究[D].曲阜师范大学，2016.

[39] 赵丽娜.运用中国古代文论进行中学古诗词教学的探究[D].渤海大学，2015.

[40] 张丽.初中古典诗歌教学研究[D].渤海大学，2015.

[41] 林琳.新课标背景下中小学音乐教科书分析研究[D].哈尔滨师范大学，2015.

[42] 王姚姚.现行苏、沪版初中语文教材宋词选编比较研究[D].苏州大学，2015.

[43] 唐振杰.初、高中古诗词教学的衔接问题初探[D].辽宁师范大学，2015.

[44] 赵维菊.新课标下初中语文古诗词教学的实施与评价[D].云南师范大学，2014.

[45] 董杰.高中宋词教学中文学鉴赏力的培养[D].河北师范大学，2014.

[46] 田雪杰.7-9年级古诗词情境教学的实施策略[D].河北师范大学，2014.

[47] 刘方方.高中诗词教学的改进策略研究[D].河南师范大学，2014.

[48] 童志斌.文言文课程目标与内容研究[D].上海师范大学，2014.

[49] 熊高明.初中古诗词教学设计的问题与对策[D].四川师范大学，2014.

[50] 印春芳.初中古诗词教学的"情境创设"研究[D].苏州大学，2013.

[51] 李洋.中学语文古诗词美育研究[D].陕西师范大学，2012.

[52] 马丽.自主学习理论指导下的初中古诗词教与学研究 [D]. 四川师范大学，2012.

[53] 胡厅.初中语文教学中的古诗词读解问题研究 [D]. 广州大学，2011.

[54] 张江.初中语文审美教学研究 [D]. 四川师范大学，2011.

[55] 胡宜海.新课程背景下初中古诗词教学现状及其策略 [D]. 华东师范大学，2010.

[56] 胡虹丽.坚守与创新：百年中小学文言诗文教学研究 [D]. 湖南师范大学，2010.

[57] 林秀艳.西藏中小学汉语教学的理论与实践研究 [D]. 中央民族大学，2010.

[58] 朱嫣红.苏教版初中语文教材古诗词选编研究 [D]. 苏州大学，2009.

[59] 曹亚平.初、高中古诗词教学美育策略比较研究 [D]. 河北师范大学，2008.

[60] 李洁.论诵读在初中语文古典诗词的审美教育中的运用 [D]. 内蒙古师范大学，2008.